RETRATO CALADO

FUNDAÇÃO EDITORA DA UNESP

Presidente do Conselho Curador
Mário Sérgio Vasconcelos

Diretor-Presidente
Jézio Hernani Bomfim Gutierre

Superintendente Administrativo e Financeiro
William de Souza Agostinho

Conselho Editorial Acadêmico
Danilo Rothberg
João Luís Cardoso Tápias Ceccantini
Luiz Fernando Ayerbe
Marcelo Takeshi Yamashita
Maria Cristina Pereira Lima
Milton Terumitsu Sogabe
Newton La Scala Júnior
Pedro Angelo Pagni
Renata Junqueira de Souza
Rosa Maria Feiteiro Cavalari

Editores-Adjuntos
Anderson Nobara
Leandro Rodrigues

LUIZ ROBERTO SALINAS FORTES

RETRATO CALADO

editora
unesp

© Editora Unesp, 2018
© Herdeiros de Luiz Roberto Salinas Fortes / Imagens do arquivo de família

Direitos de publicação reservados à:
Fundação Editora da UNESP (FEU)
Praça da Sé, 108
01001-900 – São Paulo – SP
Tel.: (0xx11) 3242-7171
Fax: (0xx11) 3242-7172
www.editoraunesp.com.br
www.livrariaunesp.com.br
feu@editora.unesp.br

Dados Internacionais de Catalogação na Publicação (CIP) de acordo com ISBD

F759r

Fortes, Luiz Roberto Salinas
    Retrato calado / Luiz Roberto Salinas Fortes. São Paulo: Editora Unesp, 2018.

    ISBN: 978-85-393-0728-9

    1. Ditadura – Brasil. 2. Prisioneiros políticos. 3. Tortura. I. Título.

2018-451   CDD 321.981
                                                                           CDU 321.6(81)

Elaborado por Odilio Hilario Moreira Junior – CRB-8/9949

Índice para catálogo sistemático:
1. Ditadura: Brasil 321.981
2. Ditadura: Brasil 321.6(81)

Editora afiliada:

Asociación de Editoriales Universitarias
de América Latina y el Caribe

Associação Brasileira de
Editoras Universitárias

SUMÁRIO

7 **APRESENTAÇÃO**
Marilena Chaui

15 **PREFÁCIO**
Antonio Candido

RETRATO CALADO

21 I CENA PRIMITIVA
73 II SUORES NOTURNOS
87 III REPETIÇÃO

123 **SOBRE O AUTOR**

APRESENTAÇÃO

Marilena Chaui

> *Notre véritable étude est celle de la condition humaine.*
>
> Emílio, Livro I,
> Jean-Jacques Rousseau

NOS VÍAMOS POUCO NOS ÚLTIMOS ANOS. Em casa de amigos, nas reuniões do departamento de filosofia, em mesas de debate, na hora do cafezinho. Tínhamos um rito de despedida: Salinas dizia "a gente podia conversar", eu respondia "a gente precisa conversar". Mas, como tínhamos a vida inteira pela frente, a gente não conversou. Íamos conversar amanhã. Podíamos, precisávamos. Só que amanhã fiquei sozinha.

Doença ou velhice nos preparam para suportar a morte, ainda que jamais possamos aceitá-la, encontrar-lhe uma causa. Dar-lhe justamente o que não pode ter – sentido – traz algum consolo. Quando, porém, a morte irrompe sem que nada a anuncie, somos lançados ao estupor emudecido, insensíveis mesmo à dor que só começa a doer com o passar dos dias, quando a ausência se faz realidade irremediável, e a lembrança, caótica, única relação possível. Sentimos que o trabalho do luto se inicia lentamente quando começamos a querer falar, recorrendo à palavra como arrimo, crendo nela como se dotada de poder encantatório que dissesse à morte para aguardar um pouco, ainda não acabamos de conversar, há tanto para dizer, tanto por fazer. E, no entanto, ainda zonzos, não sabemos o que dizer, no desespero de falar, buscando palavras para negar o paradoxo intolerável da contingência petrificada em fatalidade. Falamos para que não morra, como ele escreveu para não morrer. "Na garganta deu-lhe um nó", dizia a cantiga de infância. Na garganta deu-me um nó.

Tento pôr ordem na memória. É rebelde. Elege sozinha minhas lembranças, alheia à cronologia. Ora vejo Salinas, tão belo, caminhando pela rua Maria Antônia, falando de Sartre. Ora o vejo afásico, diante da banca de defesa de tese, em 1974. Releio cartas que mandou de Paris, cheio de planos para a volta. Vejo-o zangado comigo e com alguns colegas quando invadimos sua sala de aula para acompanhar as novas tentativas pedagógicas que fazia e, discordantes, nos altercamos. Lembro-me do dia em que voltou à faculdade, após a segunda prisão, andar trôpego, olhar agoniado. Vejo-o sorrir de alguma piada, no Café de Flore. Rimos quando Lefort o imita perdendo objetos e esquecendo o que vai fazer. "Salinum", chamava-o Victor Knoll, enfatizando o *num*.

Conheci Salinas em 1965, nos tempos da rua Maria Antônia, quando começávamos o curso de pós-graduação, recém-instalado no Departamento de Filosofia. Belo, essa era a palavra que me vinha ao vê-lo; tímido, quando o escutei nas conversas do saguão da faculdade, no grêmio, nas rodas dos botecos da vizinhança; talentoso, quando li seus trabalhos de estudante e seus artigos de jornalista. Enchia-me de admiração que houvesse conversado com Sartre e tivesse traduzido *L'Imagination*. Recebeu uma bolsa de estudos, partindo para a França. Quando regressou, eu parti. Só nos revimos em 1969, nos barracos da Cidade Universitária,

APRESENTAÇÃO

onde fora jogada a Faculdade de Filosofia (junto com o Instituto de Psicologia), após a invasão militar e o incêndio da Maria Antônia, sob os auspícios do Comando de Caça aos Comunistas, habitantes da Universidade Mackenzie.

O Departamento de Filosofia estava quase dizimado: professores cassados, exilados; estudantes presos, clandestinos, desaparecidos. Os sobreviventes iniciavam o penoso esforço da resistência. Salinas encarregara-se dos cursos de Filosofia Antiga, estudando *A república* com os alunos.

É difícil contar aos jovens estudantes de agora o que foi o dia a dia universitário de um tempo que alguns chamam de "milagre" e, outros, de "dura repressão". Sem dúvida, muitos dos jovens de agora ouviram falar ou leram sobre aqueles tempos. Podem imaginar, mesmo que com dificuldade, o que teria sido viver sob o medo, temendo a casa e a rua, o lugar de trabalho e o de lazer, o dia de ontem (que fiz?), o de hoje (que faço?), o de amanhã (que farão comigo?). Temer abrigar os perseguidos de agora para não se tornar perseguido depois, mas fazê-lo, embora em pânico. Ter medo da prisão e da tortura, de trair amigos e perder família. Desconfiar dos outros, de si e da própria sombra. Talvez não seja incompreensível para os jovens de agora o que pode ser o terror, cuja regra é tornar-nos suspeitos, fazer dos suspeitos culpados e condená-los à tortura e à prisão sem que saibam de que são acusados e sem qualquer direito à defesa. O que me parece difícil é explicar aos mais jovens o que um filósofo tentou explicar para si e para seus contemporâneos, ao término da Segunda Guerra Mundial: que o mundo do pré-guerra (para eles) e o mundo da pós-ditadura (para nós) não é um mundo natural, existente por si mesmo, dom de Deus, da Razão ou da Natureza aos homens, um fato bruto ou uma ideia clara e distinta. E que o mundo da ditadura não foi um mundo desnaturado, irracional, obra perversa de um Gênio Maligno ou de uma razão astuta e mesquinha, de abstratas "forças históricas", mas aquilo que, naquele tempo, Salinas estudava com seus alunos, analisando a figura de Trasímaco, para depois, estupefato, descobrir que a filosofia de que dispúnhamos não podia dar conta das engrenagens do poder e que nem mesmo Maquiavel poderia imaginar-se em tal caricatura de *O príncipe*.

Veio 1970. Depois, viria 1974.

Ao sair das duas primeiras prisões, Salinas reuniu os materiais de sua pesquisa e redigiu sua tese de doutoramento – *Rousseau: da teoria à prática* –, na qual, rompendo com a tradição interpretativa, pôde mostrar (e somente ele, agora, poderia fazê-lo) que as contradições imputadas a Rousseau não eram do filósofo, mas do mundo social e político que buscava compreender.

Amigos, temíamos o dia da defesa da tese, não sabendo o que poderia acontecer a Salinas diante de uma situação de interrogatório. Naquela tarde de 1974, o salão nobre da faculdade estava repleto: colegas, estudantes, amigos, velhos conhecidos, vieram todos para que Salinas soubesse do apreço merecido. Eram tempos em que solidariedades como essa nos serviam de valimento, dando valor e sentido ao trabalho e às vidas, tão desvalidas e desvaloradas alhures. A tese fora considerada excelente, mas precisava ser arguída. Arguiu-se. Arguímos. E Salinas não conseguia ouvir-nos. Cada um de nós sabia que ele não se via naquela sala, mas noutras. Concordamos em que nos entregaria por escrito as respostas, mais tarde. O que fez. Como é diferente a lembrança que guardo quando, anos depois, durante cinco dias, defendeu com segurança e humor sua tese de livre-docência, ainda sobre Rousseau, mas, simbolicamente, escolhera agora a educação do cidadão e a festa cívica como expressões privilegiadas da utopia de uma nova e possível sociabilidade.

APRESENTAÇÃO

Traduziu Rousseau, escreveu uma pequena obra-prima, *O iluminismo e os reis filósofos,* organizou o simpósio de filosofia sobre a Assembleia Constituinte e iniciava os preparativos de um simpósio sobre liberdade e escravidão, a realizar-se em 1988.
Acreditávamos que o pesadelo terminara. Nunca havia findado.

A dor que continua doendo até hoje e que vai acabar por me matar se irrealiza, transmuda-se em simples "ocorrência" equívoca, suscetível a uma infinidade de interpretações, de versões das mais arbitrárias, embora a dor que vai me matar continue doendo, bem presente no meu corpo, ferida aberta latejando na memória. [p. 42-3]

Quantas vezes vi Salinas apertar as têmporas – gesto último, que teve ao morrer – adivinhando uma dor sem nome, embora eu não soubesse que batia contra as grades sua própria cabeça, inscrição em seu corpo das barras das prisões onde tentaram roubar-lhe o espírito. Quantas vezes ouvi Salinas tropeçar na frase iniciada, tateando as palavras, perder o fio da meada e, não podendo alcançar meus ouvidos, tentar alcançar-me os olhos, lançando-me um olhar, misto de pasmo e agonia, fazendo-me adivinhar que a teia da tortura lhe prendia a voz e voltava-lhe os olhos para cenas invisíveis aos meus. Quantas vezes pedi que me dissesse por que, escritor de clareza incomparável, falar se lhe tornara tão penoso. Às vezes, sorria apenas. Outras vezes, ria um riso tão gaguejante quanto sua fala. Por vezes, ria um riso solto, os olhos faiscantes. Um dia, deu-me a ler a primeira versão de *Retrato calado*.

Havia, outrora, um tipo de gente a que se dava o nome de sábio. Não estava isento de paixões, pelo contrário, nelas mergulhara fundo. Mas não se contentava em experimentá-las ou observá-las nos outros. Esforçava-se para compreendê-las. Talvez os sábios tenham-se extinguido ou, quiçá, existam dispersos pelo mundo e deles tenhamos pouca ou nenhuma notícia. Certamente Salinas acharia pomposo e descabido ser chamado de sábio. *Retrato calado*, porém, é testemunho de sabedoria.

Não nos coloca apenas diante da dor pungente da tortura física e moral, nem apenas diante do horror da vilania disfarçada em política de servidores do pau de arara. Aqui, somos levados a ver o traçado de uma experiência impossível: a vertigem lúcida. Esforço para compreender uma tragédia pessoal e coletiva, fazendo-a memória e medida de um tempo fugidio que poderia cair no esquecimento. Se é retrato de sabedoria é por não ser um texto militante. Salinas sempre desconfiou das militâncias, perguntando-se, vida afora, se acertara nessa desconfiança. Indagação plena de sentido; pois, como escrevera um filósofo que ele estimava, quando a política se faz mania e miséria, e a filosofia, fobia e rancor, caímos "numa prática manhosa e num pensamento supersticioso". Não estamos diante de alguém soberanamente cheio de certezas, enfrentando o opressor para dizer-lhe: "estou com a razão e a história assim o provará". Estamos diante de alguém perplexo ao descobrir que o opressor não é o outro absoluto, apenas outro ser humano, embaralhando as ideias claras e distintas de bem e mal, vício e virtude, enigma de que não pode dar conta de tudo quanto sonha nossa vã filosofia escolar. Estamos diante de alguém que se viu a perguntar: o que é a razão? o que é a história? o que é a bondade? Estamos diante de alguém que atravessou, trôpego e cego, o labirinto do terror para descobrir, em estado de choque, o fio condutor dessa prodigiosa máquina de produção da culpa e de destruição humana do humano pela desintegração da fala e pelo sequestro do pensamento.

Retrato calado é a reconquista da palavra pelo Salinas escritor, professor, jornalista, filósofo. Resgate da dignidade do

APRESENTAÇÃO

pensamento que, no abismo de sua fragilidade, recobra energia para expor a urdidura cerrada em que a violência captura a linguagem – esforço humano para renunciar ao uso da força –, enredando-a na trama imperial do torturador que desintegra a vítima para que dela brote uma palavra íntegra, avilta o torturado para que dele venha uma palavra verdadeira, submete a presa para que ela lhe faça o dom fantástico de uma palavra livre que o absolveria enquanto ele dela escarnece.

Apertando as têmporas, Salinas trabalha. Transforma o grito inarticulado em palavra articulada para encontrar, escreve ele na esteira de Rousseau, "a origem das línguas". Transforma em verbo a dor, em frase a cólera, em escrita a vergonha, em ideia a agonia, em pensamento a matéria vociferante da experiência bárbara, para que assim se torne, como escreveu alguém antes dele, "um bem verdadeiro porque capaz de comunicar-se a todos". Meditação sobre o destino, o acaso, a adversidade, a razão e os afetos, despida de heroísmo porque tecida na serenidade dos perplexos, busca de si. Trabalho do pensamento e obra de liberdade.

Se *Retrato calado* diz as ideias de Salinas, também fala de sua pessoa: íntegro de caráter, puro de coração, sóbrio no pensamento, generoso nos afetos.

Sem revolta, deixemos aos "herdeiros de Trasímaco" o poema de Orides Fontela:

Não há culpa
não há desculpa
não há perdão.

Fevereiro de 1988

PREFÁCIO

Antonio Candido

ESTE LIVRO INFELIZMENTE PÓSTUMO DE Luiz Roberto Salinas Fortes pertence ao gênero fascinante dos escritos que mostram o homem à busca de si mesmo. Feito para os outros, ele nasce todavia de uma necessidade irremediável de autoconhecimento, sendo ao mesmo tempo descrição de fatos e revelação do ser. À medida que o autor narra seus encontros com a repressão policial e militar, nós vamos presenciando o desvendamento da sua própria natureza. Como a escrita é excelente, resulta um livro marcado pela originalidade forte dos que não procuram ser originais.

Luiz Roberto conta primeiro as suas duas detenções por suspeita de envolvimento na luta contra a ditadura militar, no começo dos anos 1970. A seguir, transcreve páginas de um diário dos anos 1950, quando veio do interior para estudar na Universidade de São Paulo. Finalmente, conta duas outras detenções em meados do decênio de 1970, por suposta participação no tráfico de drogas. Aparentemente casual, a disposição da matéria é perfeita como esquema narrativo, porque apresenta situações armadas de fora, mas dá elementos para avaliar como é por dentro o indivíduo arrastado nelas, e cuja integridade elas põem à prova. Forçando a nota, pode-se dizer que as páginas confessionais, postas no meio, simbolizam pela simples posição a pessoa apertada entre duas conjunturas repressoras.

Como é o narrador? As páginas do diário, intituladas "Suores noturnos", mostram a sua angústia, a sua fragilidade consciente, permitindo assim avaliar o efeito sobre ele da brutalidade descrita na primeira e na terceira partes, intituladas "Cena primitiva" e "Repetição". Através das três, notamos como constante a lucidez pungente de quem se observa e analisa, procurando compreender a própria natureza nos termos da conhecida atitude pascaliana, *chercher en gémissant*.

Muitos passaram pela aventura pavorosa do cárcere e da tortura no regime militar. Alguns relataram a sua experiência, mas poucos o terão feito com a sobriedade de Luiz Roberto, que nem por um instante procura se valorizar, dar-se como exemplo ou vítima. Uma serenidade incrível anima o seu modo de escrever, como se ele procurasse desprender-se de si e encarar-se como outra pessoa, desdobrando-se a fim de que a reflexão pudesse extrair todo o significado possível daqueles momentos, não obstante tão pessoais e tão pessoalmente expostos. O tempo todo ele parece estar no centro sem chamar atenção, simultaneamente sujeito e objeto, graças à maestria da escrita e à invariável dignidade intelectual.

Resulta uma espécie de curiosidade aparentemente desapaixonada, à força de ser lúcida, procurando os limites da personalidade. E a descida aos infernos se torna oportunidade para pensar o ser.

PREFÁCIO

Talvez uma das chaves do livro esteja na página 38, na qual Luiz Roberto alude à tortura que sofreu e à marca deixada por ela, prevendo que poderia causar no futuro a sua morte – como parece que de fato causou. Ele sugere então o dever de expor o que aconteceu a tantos, transbordando a sua singularidade para exprimir o destino de outros. O que sofreu, muitos sofreram, e quem sabe sofrerão; por isso, a sua experiência representa um estado mais geral de coisas e justifica o aparente relevo dado ao indivíduo falando na primeira pessoa. O destino possível de outros leva a testemunhar:

> Daí a necessidade do registro rigoroso da experiência, [...] da sua transcrição literária. Contra a ficção do Gênio Maligno oficial se impõe o minucioso relato histórico e é da boa mira neste alvo que depende o rigor do discurso. [p.43]

Na execução do plano, Luiz Roberto trabalhou com uma serenidade que faz o horror crescer para nós. Na medida em que não deblatera, em que não transforma os repressores em puros monstros, nem as vítimas em heróis, ele faz a realidade assumir uma espécie de gratuidade cruel, como se do cotidiano mais normal emergisse a fenomenologia da bestialidade. A realidade lhe serve para investigar a fragilidade do indivíduo e o desnorteio geral da vida, a implacável dificuldade de acertar, o deslizamento inexplicável entre as esferas do comportamento. O que sou eu? O que é você? O que são eles? Por que fazemos tudo tão mal? Por que fazem eles as coisas tão às cegas? No meio da perplexidade, o drama do ser mistura-se aos dramas do mundo e o narrador parece alguém que soube, através da palavra, construir-se e ao mesmo tempo denunciar, com a inteireza dos que não enfeitam nem deformam.

Retrato calado elabora em alto nível a experiência dos anos de ditadura militar, porque nele a dimensão do indivíduo e o panorama do momento se fundem graças ao poder da escrita. Não é um simples testemunho, nem uma evocação de tormentos. É uma tentativa de mostrar e conhecer melhor o ser e a sua circunstância nos momentos de crise, quando a relação entre ambos se torna cruciante e pode aguçar a ponta do conhecimento.

Isto tudo, repito, foi feito sem nenhuma autocomplacência, mas também sem qualquer autoflagelação. Trata-se de uma empresa de lucidez, servida por escrita expressiva, cheia de fórmulas felizes e momentos de grande inspiração, que permitiram a Luiz Roberto manifestar a sua notável sinceridade, adequada a um estudioso de Rousseau e revelando, no seu caso, a mais completa limpeza de alma. Foi pena ter-se acabado tão cedo esse homem exemplarmente reto na sua dignidade angustiada, de que dá testemunho *Retrato calado*, leitura fundamental para sentir um lado importante do Brasil contemporâneo. Luiz Roberto parecia haver-se finalmente conciliado consigo mesmo. Mas, ironicamente, a recompensa do longo esforço para se encontrar foi a morte.

RETRATO CALADO

I CENA PRIMITIVA

> *Um dia Zaratustra adormecera debaixo de uma figueira, pois fazia calor e com seu braço protegia o rosto. Apareceu então uma víbora que lhe mordeu no pescoço.*
>
> Assim falou Zaratustra, Nietzsche

1

O MAGRICELA SORRI DENTRO DO ELEVADOR. Sorri o magricela, irônico, dentro do elevador. O sorriso irônico acompanha o pequeno grupo no qual, obviamente contrafeito, desempenho o papel de paciente ao longo do trajeto tortuoso pelos corredores que ligam a sala de recepção da Ordem Social ao pequeno compartimento usado como câmara de tortura, alguns andares acima no velho edifício do largo General Osório. Antes de chegar ao destino então ignorado, iludo-me, embalo-me com a esperança de que o cortejo só vai me acompanhar até uma cela, onde, como pouco antes me assegurara um dentre os eficientes agentes de segurança, na pior das hipóteses, ficarei "detido", como se diz, por alguns dias, tal como – espero – ocorrera da outra vez, na Oban,[1]

---

[1] Operação Bandeirante. [N.E.]

de onde há alguns meses fora liberado após dez dias de detenção. Mas as coisas agora seriam bem diferentes e logo, logo seria dado ao protagonista que vos fala a ocasião única, o privilégio imerecido de vir a conhecer o famoso instrumento de tortura já há muitos e muitos anos corriqueiramente utilizado por nossas forças policiais em toda a vastidão do território nacional.

Só quando chegamos percebo, de repente, o que me espera e entendo o sorriso. É que o tal do magricela nervosinho e gozador me mandara carregar, envolto em jornais, para disfarçar, nada mais, nada menos do que o aparelho de choque a cujas iluminações, dali a pouco, paudiararizado, viria eu a ser submetido graciosamente. O grupo explode em gargalhadas quando o pacote é desembrulhado, deixando a descoberto aquela sorte de pequeno realejo, cubo de madeira com uma manivela pendurada em um dos lados. E eu, atônito, catatônico, arremessado de repente em meio ao inferno, transferido de súbito para esta dimensão nova onde tudo se passa velozmente, embora dure uma eternidade e embora se propague pela eternidade afora.

Cessados os efeitos da piada, o mesmo frenético funcionário ordena:

– Tira a roupa!!!

– Como, por quê?...

– Tira a roupa! – vocifera. Fera.

– Mas por quê, será mesmo preciso?...

A insólita pergunta tem como efeito imediato irritar o tira que, redundante, exclama ainda:

– Tira a roupa, porra!

Diante da minha inércia, ele mesmo toma a iniciativa, com a alegre ajuda dos companheiros que vão, entre safanões pouco delicados, arrancando-me a roupa, peça por peça, apesar dos protestos despropositados e das queixas anódinas. Carlinhos Metralha: é assim que o chamam, desde que topei com o bando instalado, algumas horas antes, no meu apartamento. É com este nome de história em quadrinhos que a figura comanda o espetáculo, substituindo momentaneamente o delegado Zildo, depois que o dito delegado, depois que o jamesbonde Zildo se quedou na sala de recepção a interrogar a pobre amiga de tantos anos que tivera a desastrada ideia de me acompanhar, justamente naquela noite, ao cine Bijou e, terminada a sessão, até meu apartamento.

Nu, completamente nu. Obrigam o paciente a sentar no chão. Amarram-me as mãos, que protegem com uma cobertura de pano, uma contra a outra. Forçam-no a manter os joelhos unidos, dobrados contra o peito e envolvidos pelos braços amarrados. No vão entre os braços e o joelho enfiam uma barra de ferro e penduram-na – penduram-me – em dois cavaletes. Rápidos, eficientes, bem-treinados.

Conversando depois com o Zildo, quando a tormenta amainara, na fase em que até confidências de ordem "técnica" pareciam querer compensar o mau jeito inicial excessivo – ou então em consequência de um refinamento de cinismo –, este genial sociólogo me explicou muito seriamente que a "proteção" dos braços, aperfeiçoamento recentemente adotado nas delegacias de polícia, representava uma "verdadeira conquista social" [sic]... O sorriso era indefinido e o jeito muito composto, digno, tal como o de qualquer dos untuosos burocratas revestidos de alguma parcela do poder que se veem aos montes espalhados pelo país.

A grande conquista, como é óbvio, destina-se a anulações dos vestígios da tormentosa passagem pelo famigerado pauzinho. Minhas mãos continuariam pretas ainda durante algumas horas depois que dele fui retirado. Já no dia seguinte, voltariam ao normal. Em razão direta do tempo de permanência naquela pouco exaltante posição de cócoras, os traços não só nas mãos como por todo o corpo ainda perduram por numerosos dias, tal como me foi dado igualmente comprovar, graças à convivência com outros desditosos praticantes daquele esporte extravagante.

Enquanto estive "pendurado" – como se diz na linguagem técnica –, numa repetição monótona da macabra cena inaugural do espetáculo pirotécnico do Brasil Grande do fim da década de 1960 e do começo dos 1970, os choques elétricos aplicados generosamente sobre os dedos dos pés – tendo sido poupadas, no meu caso, outras extremidades particularmente sensíveis – alternaram-se com o regulamentar desfile de perguntas. Um dos valentes meninos pegou da minha caderneta de endereços e calmamente pôs em marcha a *Questão*, suscitada, na espécie, exclusivamente pelos nomes, nomes tão próprios e tão próximos de amigos até íntimos, tão distantes da encocorada postura e por isso mesmo repercutindo na estreita sala, também como um samba da bênção proveniente do outro mundo longínquo do qual me haviam para sempre escorraçado. Enquanto o inquisidor inquiria, querendo saber quem era fulano ou sicrano, o Japonês, sentado em um banquinho do meu lado esquerdo, fazia funcionar o aparelhinho que eu mesmo carregara como perfeito idiota. Com o brilho de satisfação nos olhos orientais diante de cada berro, de cada grito de dor e ódio – e pavor –, e o sorriso não menos irônico, esse perigo amarelo ajudava a completar de maneira canônica o quadro alucinatório tradicional do sadismo. Por quanto tempo ainda teria eu que suportar o suplício? Com seu paciente trabalho junto à manivela, o hílare servidor, arrebatado por formidável furor científico, ia buscando estabelecer a verificação empírica da veracidade das proposições que eu formulava e respondia e vomitava em meio à dor, ao pânico e à

reconfortante revolta que não mais me abandonaria. Pois não é que o referido instrumento, além da sua eficácia demonstrativa, teria também algo a ver – de um ponto de vista, digamos, ontológico formal – com um instrumento musical? Pensar o pau de arara não seria, então, a mesma coisa que investigar a origem das línguas?...
Terei falado demais? Terei sido um... *bunda-mole*?
– Herói ou covarde? Bunda-mole?

Bunda-mole: que expressão tão rica, de força tão formidável, que conquista não menos social e não menos notável, desta vez para a nossa antiga companheira, a língua portuguesa. Mas ainda é cedo, como diria Hegel, para responder a todas essas perguntas que não deixam de se impor e insistir o tempo todo. É certo que o herói perfeito jamais colocaria tais questões, o que significa, talvez, que pelo simples fato de enunciá-las já me denuncio como guerreiro pouco valente. Ou me desqualifico para as finais da copa do heroísmo. Deixemos, porém, que os fatos se contem, os sucessos se sucedam e a história se refaça.

A escalação do time dos bandidos? Ei-la. Além dos já mencionados – Zildo, Carlinhos Metralha, Japonês –, um outro que se destacou e do qual me foi possível captar o apelido: Tigrão, o Sinistro. E mais alguns outros, de cujos nomes ou codinomes já não me lembro, mas cujas fisionomias se imprimiram definitivamente na paisagem da memória.

Bunda-mole? Foi o que observou um deles diante de minha insistente reivindicação, ainda pendurado, por um tratamento mais brando: Pô, tem gente que aguentou muito mais que você, cara!!!

Tais perguntas ou dúvidas, talvez suspeitas ou supérfluas aos olhos do entendimento, só se justificam nesta sua configuração hiperbólica se o que pretendemos é justamente nos dedicar às questões radicais, ou se o que nos inquieta é a radicalização das questões que prolongam no espaço da reconstituição a Questão primeira, tornando tão difícil a exposição dos eventos e toda a literoanalítica a que nos conduz obrigatoriamente à necessidade do exorcismo.

Em maio já passara dez dias, dez longos dias, na já célebre, embora clandestina Oban – mais tarde rebatizada como Doi-Codi[2] –, disfarçada sob as aparências de uma vulgar delegacia de bairro e plantada tranquilamente em meio à pacata vida pequeno-burguesa circundante, ali na rua Tutoia, no bairro do Paraíso. Chamaram-me para "prestar declarações" e, suponho, tentar extrair alguma informação suplementar, ou então conhecer melhor o ex-marido de Veridiana, que haviam detido dois dias antes, dado o seu envolvimento, na verdade pouco profundo, com a subversão, e que naquela época atormentava as imaginações a serviço da ordem. E sob este título, assim indireto, dar-se-ia a primeira edição da desventura.

A violência propriamente dita, a violência pra valer, ser-me-ia poupada neste batismo na acidentada, embora curta carreira por detrás das grades a que, de súbito, me vi encaminhado. Não fui torturado, mas apenas esquecido durante dias e horas, minutos e instantes, horas e dias no interior de uma minúscula cela, na companhia de uma população flutuante de algumas dezenas de outros infelizes. O segundo interrogatório apenas, no dia seguinte à detenção, foi um pouco mais áspero que os demais. Mas os outros dois que a ele se seguiram, conduzidos pelos chefes das duas outras equipes, que se sucediam em rodízios todos os dias, foram tão "amenos" como os primeiros.

---

2 Destacamento de Operações de Informações e Centro de Operações de Defesa Interna. [N.E.]

CENA PRIMITIVA

Eu voltava da faculdade, onde acabara de dar uma aula no curso de Filosofia Antiga, 1970, primeiro semestre. Eram mais ou menos onze horas da noite quando cheguei ao prédio da avenida Ipiranga. Ao entrar pelo corredor, fui logo abordado por três desconhecidos que, já há algum tempo, suponho, esperavam por mim em conversa inocente com o zelador. Um deles avançou em minha direção, perguntou meu nome e exibiu o documento policial, avisando-me polidamente que deveria acompanhá-los à Operação Bandeirante, pois que haviam prendido Veridiana, e eu, na condição de ex-marido, era convocado para esclarecimentos complementares, mas que não me preocupasse, coisa de simples rotina, que em breve se resolveria. De repente cortavam-se minhas elucubrações tão distantes da rotina e se interrompia de maneira brutal a mal começada carreira helenística...

Já o coração cavalga diferente e a angústia me esfria o ventre quando subimos até o apartamento, naquele vigésimo andar do edifício Copan. Deixo a pasta, visto um paletó, o gesto mais lento que de hábito, arrumo inutilmente as coisas em cima da escrivaninha, percorro ainda com os olhos as estantes, como à espera do socorro, como à espera daquele numeroso e inerte exército aliado, enquanto os três indivíduos me observam atentamente. Examinando os livros, um deles pergunta, sem rir, se eu possuo os subversivos... Já não me lembro muito bem da resposta... Mas a curiosidade pelas coisas do apartamento não iria além disso nesta primeira vez. Pronto, senhores!

Como se, de repente, a própria realidade, pegando-me pela palavra, se pusesse a ilustrar e comentar as peripécias abstratas do discurso filosófico, corporificando as teses de Trasímaco, convertendo-as em gestos, transformando-as em manipulação concreta do desavisado pesquisador, até então serenamente empoleirado no conforto das especulações pedagógicas.

Trasímaco também intercepta, interrompe, corta; sua intervenção é um curto-circuito na amena indagação de Sócrates. Lembram-se de como adentra o gramado naquele primeiro livro de *A república* de Platão? Trasímaco, em várias ocasiões, "enquanto falávamos, tinha tentado tomar parte na conversa, mas fora impedido por seus vizinhos, que queriam ouvir-nos até o final". E na "pausa que fizemos, quando acabara eu de pronunciar estas palavras, ele não se conteve mais; tendo se recolhido sobre si mesmo, lançou-se sobre nós como se fosse para nos dilacerar".

Não é apenas o personagem que introduz a objeção fundamental, negando radicalmente a justiça como valor. Na sua própria individualidade, pela violência das suas maneiras, pela irritação diante do jogo socrático, também nega a virtude do diálogo, contesta e resiste ao uso da linguagem como instrumento de conhecimento, como veículo capaz de nos conduzir, segundo procedimentos precisos e através de etapas rigorosamente definidas, até a contemplação das essências. Não se limita a definir as relações entre os homens, vivendo no interior de uma comunidade, como puras relações de força, mas se comporta como se toda comunicação através da linguagem não passasse de simples exteriorização do confronto entre vontades de potências adversas.

O esforço do seu interlocutor não será dirigido assim até o final do primeiro livro, no sentido de convencê-lo do conteúdo da tese oposta, ou seja, da excelência da justiça, mas visará apenas persuadi-lo a aceitar o diálogo e concordar em fazer parte do clube dos amigos da dialética.

De qualquer maneira, apesar do triunfo socrático final, a ferocidade da intervenção permanece atuando, as convicções correntes se abalam profundamente e um imenso esforço será agora requerido para que se reconstitua, embora em outro nível, o império dos valores. Assim também, entre aquelas quatro paredes encardidas da sala minúscula, a cada fisgada elétrica vai-se tecendo a argumentação virulenta cuja eficácia faz desabar as ilusões que ainda nutríamos sobre a realidade da vida nacional; a socrática representação desmorona, as entranhas do regime se entremostram, pulverizando os malabarismos ideológicos dominantes. Os herdeiros de Trasímaco, filósofos de um novo tipo, fazem funcionar, de maneira até então insuspeitada pela nossa ingenuidade, apesar dos compêndios marxistas devorados, os torpes mecanismos do poder.

Mas o abismo, na realidade, é imenso entre a literatura e o choque, entre o argumento e a porrada; e o que responder à porrada, como contra-argumentar à descarga se não pelo grito ou pela rajada de fezes? Já o pedagogo não mais dissertaria impunemente sobre tão graves matérias. Sócrates é obrigado a redobrar seus esforços, a comprovar sua boa-fé na investigação, a demonstrar a legitimidade do diálogo e da interrogação. Mas a partida, no universo do grande diálogo, está de antemão ganha. Trasímaco acaba por aceitar o diálogo, seu rubor denuncia sua má-fé e ele acaba por se calar, confundido no anonimato do círculo dos dialéticos. Na realidade, este enfurecido interlocutor não é um outro absoluto, não pertence a uma outra raça, sua alteridade é perfeitamente assimilável pela *dialectique rassurante* de Sócrates e o "logos" grego é, talvez, incapaz de representar um "contrário"; Platão, incapaz de chegar à concepção de uma radical alteridade. Não seria Trasímaco, no fundo, um bom rapaz?

A angústia apertando e o desespero sufocando na perua que percorre as ruas banais em direção à Tutoia. O primeiro a me interrogar depois de uma longa espera em uma saleta no andar do prédio do fundo, situado depois do pátio, e reservado para as diferentes salas de interrogatório, foi o delegado Gaeta. Um liberal, digamos, dentro dos padrões da rua Tutoia: até se comentava, entre os prisioneiros, que ele teria sido da segurança do Jango. Em um tom meio indiferente, que me perguntava se não seria fingido, queria saber das minhas eventuais ligações com o grupo parisiense que esteve na origem da VPR,[3] a respeito do qual parecia informado até nos mínimos detalhes, o que só fez aumentar minha preocupação. Quantos seriam os elementos do grupo? Quem era o chefe? O que é que eu dizia sobre o camarada Antônio? E o tal de Alberto que veio para cá com a missão de trabalhar pela ligação com um grupo que aqui já atuava e de cuja junção com o grupo de Paris resultaria a Vanguarda? O que é que eles já sabiam até aquela altura? Era difícil dizer: neguei tudo, pois estava disposto a admitir apenas, caso não tivesse outra saída, atuação política anterior e manter até o limite do possível a condição de ex-marido.

O interrogatório não durou muito e logo o delegado mandou que me acompanhassem até a cela onde passaria a noite, não sem antes me avisar que as coisas agora se transferiam para as mãos dos militares. Mas, seu delegado, será que tenho mesmo que ficar preso? Não posso ir para casa com o compromisso de voltar amanhã pela manhã para me submeter aos novos interrogatórios? Não posso fazer nada, o negócio agora é com os militares. Dois investigadores se preparam para a escolta. Onde tá a

---

[3] Vanguarda Popular Revolucionária. [N.E.]

peruca, cara? – troça um deles, como para me deixar mais à vontade e pôr fim às formalidades. Deixamos a sala.

Escada abaixo. O andar térreo. O pátio, de novo. As celas. O X1, as portas de grade que rangem e se fecham, deixando-me na companhia dos outros três.

Na manhã seguinte, bem cedo, o carcereiro, batizado de "Marechal" pelos próprios habitantes do lugar, veio me chamar e me conduziu à presença do capitão Albernás, chefe da equipe mais temida, segundo me contaram depois e a respeito do qual corriam as histórias mais tenebrosas. A esta altura eu não sabia de nada disso e começava a me familiarizar com o ambiente depois da noite maldormida, durante a qual o pior se agigantara na imaginação em delírio incontrolável.

O capitão, solidamente custodiado por um punhado de bravos, acareou-me com outros dois prisioneiros – o célebre Jamil e um outro – os quais, também ligados à VPR, apesar disso não me conheciam. Jamil, naquela altura, era, dentre os detidos na Oban, a personalidade política mais importante, de quem se ocupavam com dedicação os valorosos defensores do Ocidente. O outro, também algemado ao lado de Jamil e que conheci melhor no X1, teria sido, segundo me informaram depois, "motorista" do Lamarca e também fora preso há poucos dias. Naquele período, este outro capitão, cuja legenda crescera incomodamente para o regime, passara a ser furiosamente caçado em todos os estados da federação e, depois de tantos reveses, a legenda era o que restava daquele sonho dos que nele ainda restavam.

Os dois confirmaram que não me conheciam e com isso salvaram a pátria: daí por diante não haveria mais razão para me tratarem como elemento perigoso, mas, na pior das hipóteses, apenas como provável esquerdista adversário do regime.

O corpulento capitão deles, cabelinho cortado rente, voz tonitruante, com o ar polido de alguém que sabia se comportar em um salão, mas que podia muito bem virar fera de uma hora para outra, caso necessário, queria ainda saber, uma vez mandados para outra sala os outros dois prisioneiros, se alguma vez na vida eu já participara de atividades políticas. Pensei a duzentos por hora e resolvi reconhecer minha vinculação à Polop[4] até 1962, pois o que é que eles poderiam estar sabendo? E, além disso, quem é que se interessaria pela Polop naquela altura dos acontecimentos? A curiosidade dos inquisidores parece ter sido provisoriamente satisfeita e o chefão mandou que me retirasse.

Volta à cela. Agora, cenário novo. As coisas mais claras à luz da manhã primaveril, as caras dos novos companheiros começando a se tornar reconhecíveis caras de pessoas. O aprendizado da vida na cela e a troca cruzada de perguntas que chovem de todos os lados, desta vez presentes divinos que acolhem o noviço cambaleando das primeiras e ainda metafóricas porradas.

Na verdade, mal tive tempo de travar conhecimento com os novos amigos. Depois do almoço fui de novo chamado e, desta vez, um pouco mais instruído sobre os costumes da região, achei que as coisas iam ficar pretas para o meu lado. O tom de voz e a atitude geral do policial carrancudo que vinha me buscar, empunhando negligente um revólver, não anunciavam nada de bom. Brincando com a arma em uma das mãos, segurou-me fortemente pelo braço, uma vez abertas as portas da cela, dando-me passagem. Ao atravessar de novo o pátio não podiam me escapar, agora, apesar dos pavores, algumas cenas dos bastidores da guerra. Numa espécie de hall de entrada do edifício dos fundos,

---

4 Organização Revolucionária Marxista – Política Operária. [N.E.]

um agrupamento ruidoso despertou-me a atenção. Alguns, em relaxamento, sentados no banco; outros em pé, ainda ardendo no ânimo da última batalha; todos entregues, inocentes crianças, à evocação das últimas façanhas, guerreiros em repouso, num *intermezzo* entre duas operações de caça e quase seria possível, para uma visão mais aguda, perceber suas armas fumegando. O guia das infernais paragens deteve-se um instante diante do grupo confraternizante, apontando a arma em direção à minha cabeça e proferindo alguns gracejos, e exibindo-me como um troféu diante da hilaridade geral. O capitão tonitruante, por sua vez, para deixar bem claro, logo de cara, com quem eu estava lidando, partiu para os berros assim que fui introduzido na mesma sala do primeiro interrogatório.

– E então, cara, que negócio é esse? Tá querendo enganar a gente? Você disse que não tinha mais se metido em política depois de 62... Ela tá dizendo o contrário...

"Ela" referia-se a Veridiana, sentada em uma cadeira no meio da sala e rodeada por toda a equipe. Foi a segunda vez que a vi, o que até me tranquilizou um pouco. O problema é que não havia uma coincidência absoluta entre as datas que ambos déramos a respeito das minhas ditas atividades políticas.

– Deixa eu precisar... – Foi o que consegui balbuciar, uma vez diluído o pavor. Também desta vez, a resposta pareceu satisfatória. O interrogatório não prosseguiu e fui conduzido para outra sala ao lado, no mesmo andar do edifício, onde me deixaram sozinho por algum tempo, embora vigiado pelo crioulão sentado em um banquinho no corredor em frente à porta da sala.

Nada me fora possível apurar, até então, sobre as circunstâncias da prisão de Veridiana. Nada sabia ainda sobre nosso filho, o que por vezes me desesperava de forma especialmente aguda.

Durante os rápidos instantes em que a divisei, rodeada pelos tiras, a impressão foi de que o moral era bom, apesar de tudo.

Passado algum tempo, de novo o infatigável capitão. Metranca na cinta, caneta na mão. Senta-se, agitado, debruça-se sobre a mesa ordenando que eu comece a dizer os nomes de todas as pessoas com as quais havia militado durante o período de ligações com o grupo referido. Sem que omita ninguém!!

E aí começa o outro tormento. Como agir? Que dizer? Nada falar, tal como o vietcongue, recusando qualquer espécie de colaboração? Não estaria, assim, arriscando provocar um endurecimento por parte deles que conduziria inevitavelmente a outras confissões mais comprometedoras, pondo a perder definitivamente uma situação que ainda parecia poder ser contornada de maneira satisfatória? A solução brota do desespero, talvez até a melhor. Menciono alguns nomes, todos de maneira incompleta e alguns falsos. Só falo dos que estão fora de perigo, no exterior, com exceção de dois, os quais, na minha superestimação do zelo investigatório dos carrascos, acredito não poder omitir sob pena de comprometer o depoimento na sua totalidade. Durante minha fugaz vida militante, fora editor, juntamente com outros dois jornalistas, do jornal *Política Operária*, mas, naquela *belle époque* da nossa infância política, os três nomes apareciam tranquilamente, com todas as letras, no expediente da publicação. Imagino que a relação de ambos forneceria uma sólida garantia de veracidade ao depoimento sem comprometer em demasia as pessoas, já que, além de muito distante no tempo, o fato mencionado não era dos mais graves. E, com efeito, embora tal "colaboração" me torture o espírito até hoje, não teve, na realidade, consequências mais dramáticas.

Todos estes raciocínios e este prodigioso esforço mental desenvolviam-se com rapidez inusitada e eu tinha a ilusão de me adaptar, para minha própria surpresa e de forma quase automática, ao nível da singular situação. Em minha frente, o capitão, metranca na cinta, caneta na mão. Anotando tudo e, de vez em quando, me advertindo para que eu não omitisse nada. Começava assim, diante da autoridade, o processo de produção dos primeiros capítulos das minhas confissões, logo interrompido, porém, por outro militar que veio da sala ao lado e chamou o capitão. Este levantou-se e saiu, ordenando que eu continuasse a me lembrar de tudo, de todos os nomes. Daí a pouco voltou, trazendo Jamil e gritando qualquer coisa em sua direção entre um palavrão e outro. Por um momento, deixaram-nos sozinhos na sala e eu mal ousava encará-lo sob a vigilância do mesmo crioulo do banquinho. Será que esperavam de um ou de outro uma reação suspeita, uma tentativa de comunicação denunciadora?

As voltas da manivela me fazem agora, nesta nova condição de pendurado, ter até saudades dos militares da rua Tutoia. E como explicar que no "purgatório" – como era chamado o Dops[5] pelos próprios homens da repressão – eu estava sendo tratado de maneira muito mais impiedosa do que no "inferno" por onde passara alguns meses antes? Como seriam então as coisas no "paraíso" do presídio Tiradentes?

2

A vida cotidiana nos cárceres do milagre.

Monotonamente análoga à que se consome nos cativeiros políticos espalhados pelo mundo afora e de que nos dá notícia a

---
5 Departamento de Ordem Política e Social. [N.E.]

crônica inflacionada deste século enfermo. Espaço obviamente diminuto: a cela propriamente dita é um estreito corredor ao lado onde se dispõem ao meio uma pia, numa das extremidades uma cloaca dessas de se cagar em pé e, na outra, um cano de onde se chuveira a água para o nosso asseio diário. Assim é a paisagem interna na cela da Oban.

Um refrão se repete ao longo de cada dia, recitado a cada vez por um de nós.

– Seu guarda, olha a descarga...

E lá vem o PM de plantão, que aciona a descarga instalada no muro do corredor e do lado de fora da cela. Perder a liberdade é também ser privado de qualquer controle sobre os odores próprios e alheios, dos companheiros amontoados nos aromáticos aposentos. Às vezes o guarda demora, não ouve ou anda ocupado demais em conversa fiada com outros comparsas. Infantilização impiedosa e indesejável intimidade, quase cumplicidade entre vítima e algoz, empenhados na mesma tarefa de reprodução cotidiana da celestial mecânica. Promiscuidade infamante, elemento a mais no processo de trituração: como resistir?

Do lado de fora, a fria e implacável geometria dos ferros condena a um invariável espetáculo. Um muro corta ao meio o pavilhão dos prisioneiros, dividindo-o em duas alas ao longo das quais se enfileiram, ao que me lembro, seis celas de cada lado, que escapam ao alcance do nosso reduzido ponto de vista. O muro se estende além da metade do pavilhão, de maneira que do nosso X1 – a primeira cela da ala dos prisioneiros políticos a contar da entrada – só podemos ver, para além do muro, uma outra cela, simétrica à nossa, localizada na ala dos prisioneiros comuns e grudada ao portão de entrada que dá para o pátio da velha delegacia.

A proximidade permite, desta forma, que acompanhemos em parte o intenso movimento que se desenrola noite e dia, mas sobretudo à noite, na ala parcialmente oculta pelo muro em frente. Festival de miséria. Desfile de mais prepotência a exasperar ainda nossa revolta. Há um investigador, corpulento e careca, sempre com um terno azul-marinho, gravata e tudo, que gosta, quase todas as noites, de se exibir gratuitamente para os presos políticos, embora disfarçando e parecendo entretido exclusivamente com suas vítimas. Nunca se aproximou de nossa cela e sempre olha de esguelha, mas não perde ocasião para atormentar, de maneira ostensiva, os numerosos fregueses que se sucedem noite e dia. Esbofeteou, enquanto o interrogava, um crioulinho assustado e algemado. Em uma madrugada fomos despertados pelos gritos de uma negra ainda jovem puxada aos safanões pelos tiras e trazida à presença do careca.

Novo e longo interrogatório: que fez, que não fez? Depois, o careca divertia-se, junto com os colegas, enquanto mandava a prisioneira varrer o pátio interno do pavilhão, dizendo que mais tarde ia comer a negra e já ficando de cuecas em meio à algazarra geral. Em outra ocasião pôs-se a declamar, bem alto, singular discurso da má consciência, feito sob encomenda para nós e que girava em torno do seguinte tema: não há justiça humana nenhuma capaz de me julgar. E assim, quase toda santa noite, o comediante inesperadamente contemplado pelas reviravoltas da política com um público escolhido agraciava-nos com a pequena novela da sua exuberante impunidade.

Há duas ordens principais de eventos, digamos, oficiais no dia a dia da Oban. Em primeiro lugar, a rotina da sobrevivência. Café com leite servido em um copo de plástico e acompanhado de pão, logo cedo, pela manhã, depois da chamada diária, como no colégio interno. Depois, almoço e jantar como na pensão da esquina. A hora do jantar é também, às vezes, hora de sair da cela e de contato, embora fugaz e embora vigiado, com os companheiros de outras celas: a cada dia um de nós é designado para servir o feijão com arroz ou a sopa, além do bife e às vezes a abobrinha que a gente retira com uma concha de enormes caldeirões e vai depositando nos pratos.

Por outro lado, há a intensa movimentação, o contínuo vaivém em direção ao prédio vizinho, a chamada dos nossos companheiros de cela ou a passagem, frente às nossas grades, dos habitantes dos outros xadrezes, além da chegada de novos hóspedes, às vezes trazidos e atirados ao fundo da cela sob as injúrias furiosas dos caçadores. Todo mundo sofre com cada companheiro que é chamado, arrancado à distração momentânea, à conversa revigorante `e empurrado para o enfrentamento doloroso. Na volta todos se precipitam para saber como transcorreu o interrogatório. A esta rotina imperturbável, o nosso instinto de sobrevivência moral, digamos, tenta inventar por todos os meios possíveis uma variada e também semiclandestina estratégia de resistência. Para preencher o tempo vazio, exclusivamente dominado pela espera angustiante e ritmado pela aleatória arrebentação dos sons dos nossos nomes, a cada vez os ouvidos se aguçam. Para preencher o tempo de morte, a duração de pesadelo, mil expedientes, milhares de fortificações do imaginário. Conversas. E mais conversas. Leitura até alta madrugada, propiciada pela lâmpada acesa a noite toda e o silêncio relativo, assim como a deserção do sono. Lembro-me de ter feito leitura das mais apropriadas, o *Candide*, em tradução brasileira, na edição da Globo, deixado na cela não se sabe por quem, algum antigo hóspede que a circunstância teria conquistado para as luzes. O tautológico jogo de xadrez: peças feitas de papelão ou outro material qualquer.

Paralela à linha da grade, corta a cela ao meio a avenida 23 de Maio; perpendicular a ela e paralela ao corredor, a 9 de Julho: topografia fantástica a abrigar *promenades* aflitas. Não faltam, igualmente, graças à presença de militantes de todos os tipos que desfilam pela cela, as tentativas de promoção de discussões políticas organizadas. Há, ainda, as numerosas trocas de mensagem entre os moradores dos diferentes cárceres, assim como a redistribuição, entre os companheiros, dos brindes que de vez em quando nos chegam do exterior, mandados pela família ou amigos.

Houve um dia em que nos chamaram para fora das celas, um por um, para sermos fotografados. Foi a triste alegria de poder andar um pouco pelo pátio, descobrir o espaço familiar sob novos ângulos, deixar-se acariciar pelos raios de sol e contemplar, depois de muitos dias, uma pequena fatia do céu. E entre a rotina e a resistência, a lenta metamorfose se processa. No começo nossa inocente simplicidade se choca até com os sons tão distintos e bem-comportados dos nomes próprios anunciados na tão insólita chamada matutina. Mas haveria outras. Depois, a gente se acostuma com tudo. Com os berros da moça que vai sendo torturada em alguma sala das proximidades. Com o mau cheiro permanente. Com a imobilidade. Com o chão duro em que se deita nossa cabeça na expectativa do sonho.

O contato mais próximo com a bestialidade nesta primeira detenção deu-se mais ou menos dois dias depois da chegada. Eram aproximadamente dez horas da manhã. O "motorista" do Lamarca não se encontrava na cela. Dali a pouco, carregado pelos tiras, gemendo, era devolvido para o nosso convívio, todo estropiado.

Pulsos e tornozelos azulados, arroxeados, hematomas generalizados. Mais calmo, contou depois a sessão por que acabara de passar. Mais tarde, aparecem alguns policiais, ao que parece, de outra equipe. Caminham em direção ao X1. Um deles, paternal, dirige a palavra ao paciente:

– Como é, meu, que é que houve? Cê ia indo tão bem até ontem... Qué que tá acontecendo?

– Porra, esses caras tão querendo me matar...

– Imagina só, cara, se você tivesse caído nas mãos do Esquadrão. Dá graças a Deus de tá aqui!

Novo choque, pois é a primeira vez que vejo assim tranquilamente admitida a existência do bando, cuja reputação lá fora encontra-se no auge, mas cuja atuação é sistematicamente desmentida pelas autoridades. É claro que não se podia levar a sério nem dar crédito algum aos desmentidos oficiais, também de praxe, quanto à existência de presos políticos e tortura nas prisões. Mas uma coisa é saber especulativamente de tudo isso, outra é tomar contato de maneira assim tão estúpida e cabal, tão nítida e imediata com a duplicidade oficial, com a cândida hipocrisia do poder e ver de repente exemplificada de maneira tão sugestiva a página famosa de *O príncipe*.

É até com certo pejo que me lembro da ingenuidade de então e da reação que me passou pelo espírito: Uai, pensei idiotamente, mas o Esquadrão não está reservado aos marginais?

Não demoraria para que as sutilezas baseadas nestas vagas categorias da ideologia jurídica sofressem definitivo abalo por parte da realidade da repressão que acabaria, na sua voracidade, por misturar os gêneros, por enfiar em um mesmo saco os desviantes de todos os calibres, os transviados de todo tipo, pondo no encalço dos políticos aqueles mesmos que haviam se adestrado e especializado na fabricação dos pobres presuntos perfurados. O sinal de partida, aliás, fora dado já no final do ano passado, com o assassinato de Marighella. Corinthians x Santos. Lembra?

"Dez marginais por cada policial morto" era a palavra de ordem do Esquadrão, comandado em São Paulo por Sérgio Fleury e que se organizara desde 1968, depois do assassinato de um investigador de polícia pelo marginal Saponga. Paralelamente à eliminação das vítimas, a quadrilha desenvolvia, desde então, verdadeira campanha publicitária, por meio de misteriosos telefonemas anônimos à imprensa, que se encarregaria em poucos meses de celebrizar a denominação Esquadrão da Morte. Depois de cada execução, a que não faltavam requintes de crueldade, os telefonemas.

Alguém já se esqueceu de tudo isso? Não teria havido, a partir de determinado momento, a "esquadronização" geral, uma institucionalização nacional daqueles métodos que apenas começavam a ser utilizados, agora, também para os que ousavam erguer-se contra o regime?

Ouvir a célebre denominação pronunciada ali, naquelas circunstâncias, além do choque inicial, produzia subitamente a iluminação e a eliminação das fronteiras; punha a todos nós debaixo da jurisdição potencial dos caça-bandidos.

A luta política se radicalizara. Era natural que o poder lançasse mão de todos os recursos disponíveis. A guerra à subversão, além de continuação da política por outros meios, teria que ser também a continuação, pelos mesmos e tradicionais meios, da repressão clássica a todas as formas de dissidência.

Os quadros estritos da política tinham sido incorporados à resistência armada. E, entre a contestação propriamente política e a rebelião individual primitiva, haveria a partir de então intercâmbio, enriquecimento e *mimesis* contínua. Não deveríamos também fazer datar desses anos a ruptura com os padrões políticos vigentes, a passagem para um novo estágio, o abandono daqueles tempos idílicos em que a violência do poder convivera com a bucólica paz das ideologias dominantes?

Há algo que se rompe, pois não é impunemente que se passa pela experiência da prisão, assim como não se passa impune pela experiência de prender e torturar. Contaminação recíproca. Perda de "inocência" de um e outro lado e profunda crise ideológica de ambos os lados, cujas repercussões até hoje persistem.

É óbvio que um abismo separa o sistema repressivo posto em ação a partir de 68 e, por exemplo, aquele que vigorou no auge do stalinismo, na União Soviética. Certo: muitos dos métodos de tortura foram idênticos e, lá como cá, o desempenho do poder de polícia parece fornecer demonstração eloquente de como são universais e invariáveis as estruturas do imaginário repressivo.

A passagem pelos subterrâneos do regime, o contato com o avesso do milagre eram, nestas condições, a ocasião para um aprendizado tão importante quanto inútil, pelo menos durante muitos anos. Mas, de qualquer maneira, experiência decisiva no interior da selvagem fenomenologia. Guinada. Depois dela, depois de termos ingressado no espaço da ficção oficial, passávamos para outra figura do espírito, para o delírio em cujos breus parecem comprometidas as fronteiras entre o imaginário e o real. Tudo teria sido então pura ficção? Tudo ficará por isso mesmo? A dor que continua doendo até hoje e que vai acabar por me matar se irrealiza, transmuda-se em simples "ocorrência" equívoca, suscetível a uma infinidade de interpretações, de versões das mais arbitrárias, embora a dor que vai me matar continue doendo, bem presente no meu corpo, ferida aberta latejando na memória. Daí a necessidade do registro rigoroso da experiência, da sua descrição, da constituição do material fenomenológico, da sua transcrição literária. Contra a ficção do Gênio Maligno oficial se impõe o minucioso relato histórico e é da boa mira neste alvo que depende o rigor do discurso.

Mas como evocar com exatidão o primeiro ato do pesadelo que a consciência tem dificuldade em reviver e se esforça por manter, recalcado, fora do seu âmbito? Mais fácil lembrar dos companheiros. Lafayete, bonachão engenheiro. Carlos, jovem torneiro mecânico, excepcionalmente saudável, moral altíssima, que logo acabou por assumir o comando na cela. Voltei a encontrá-lo novamente quatro meses depois no Dops, onde continuava no mesmo ritmo e com a mesma firmeza, apesar de ter passado por todas as equipes de torturadores, inclusive do Cenimar,[6] no Rio. Alfredo, português amigo que me ficou daquelas horas difíceis e que foi solto no mesmo dia que eu. Não me esqueço também de um capitão da Força Pública, de cujo nome não me lembro e que, como bom militar, enfrentava a provação com a maior serenidade e dentro da mais estrita disciplina, iniciando cada dia com uma relativamente longa sessão de ginástica. Havia os que ficavam apenas algumas horas, aguardando transferência para outra prisão. Outros, alguns dias. A população alterou-se completamente e, no final dos dez dias, de todos os que estavam presos desde o começo, só restou o Zelão, com o qual eu tinha amigos comuns.

Para dormir, cada qual possui um canto próprio e há momentos em que ficamos quase comprimidos, dada a superpopulação do espaço reduzido. A luz elétrica em estado de

---

[6] Centro de Informações da Marinha. [N.E.]

vigília democrática noite adentro. De vez em quando, o implacável, insuportável fundo musical, as dissonâncias da dor que combina horas a fio algum grito mais agudo com sucessivos gemidos abafados, impropérios do torcionário que se irrita com o insucesso nesta hora avançada de trabalho. Ou então o interminável blá-blá-blá das sentinelas pouco preocupadas em poupar o sono dos seus vigiados e cujas vozes se alternam na troca de impressões relativas às últimas machices.

E, de repente, de novo o meu nome pronunciado pelo carcereiro. E lá fui eu para outro e mais outro interrogatório. Desta vez, a equipe comandada pelo coronel Dalmo. Mais calmo. Deixou até, durante um interrogatório, que Veridiana e eu nos avistássemos um pouco e até conversássemos, é claro, em sua frente. Profetizou, já no final do interrogatório: Quando sair daqui, você vai escrever um livro!

Foi quando começaram a se esboçar os primeiros indícios favoráveis. Três ou quatro dias depois, o delegado Gaeta, o mesmo do primeiro dia, veio anunciar, ficando alguns momentos a conversar com a gente, que provavelmente eu e alguns outros, entre os quais Alfredo, seríamos liberados no dia seguinte. Mas não deixou de observar que, afinal, eu bem que merecia uma surra, pois onde já se viu abandonar a mulher – transição natural para o domínio da vida privada de que estes indivíduos se erigem com a maior naturalidade em juízes. E sorriu:

– Você vai sair amanhã. A polícia não descobriu provas...

E, com efeito, não mentia. No final do dia seguinte, quando Alfredo e eu já nos desesperávamos, vieram buscar-nos e mandaram que arrumássemos as coisas. As despedidas calorosas e ainda uma última passagem pelas malhas da burocracia, de que resultaria a devolução de relógios, dinheiros, cintos e outros objetos contra as assinaturas de recibo e compromisso de não nos ausentarmos do estado nos próximos meses, além de denunciar às autoridades qualquer incauto subversivo que doravante cruzasse nossos caminhos. Eis-nos afinal devolvidos às ruas...

Reencontro com familiares. Com amigos. A oportunidade da fruição desse heroísmo barato que nos fora tão gentilmente proporcionado. Tudo ainda com um jeito de tardia aventura adolescente. Apesar do pânico. Do contato com a verdade brutal, do encontro com a história, da epifania do poder cujas artimanhas só nos eram até então denunciadas na retórica grosseira e abstrata dos panfletos da oposição ou nas sutilezas dialéticas dos sábios compêndios. Saía ileso sem saber que acabara de inscrever com o próprio corpo, qual escritura viva, nos anais da repressão, apenas um primeiro capítulo daquele livro de aventuras do qual minha jovem imaginação só fora capaz de forjar outrora o título pomposo de "Peripécias e sobressaltos de um Herói Sem Nome" e de que eu sonhara algum dia ser autor, mas no qual a história acabaria por me atribuir o papel menos cômodo do protagonista. Naquele momento ainda não sabia. E tudo não passara de peripécia inconsequente. É verdade que um dos policiais, não recordo mais qual deles, até me advertira, perfeitamente cônscio da curiosa lógica própria àquelas paragens: Olha, quem passa uma vez por aqui, volta... Volta! E, com efeito, como o criminoso de volta ao local do crime, não demorou para que me visse outra vez forçado a viver novos sobressaltos dentro desse espaço cujos limites acreditava estar transpondo, naquele momento, definitivamente.

3

Lá fora, o melhor dos mundos, como se nada tivesse acontecido. Os generais prosseguiam, meticulosos, na patriótica azáfama; o povo brasileiro deixava-se salvar ao som estridente do "eu te amo, meu Brasil" e se preparava para o grande espetáculo, enquanto seu pacífico esquadrão, sob o comando de Pelé e Tostão, aprestava-se para as próximas batalhas, que as TVs transmitiriam do México: alicerçando, cimentando, sedimentando os milagrosos benefícios que os magos do poder pretendiam estar produzindo.

O regime atacando em várias frentes: por exemplo, no setor "psicossocial", como diriam os iluminados pensadores da segurança nacional, com a euforia alastrando-se. Ninguém segurava a juventude do Brasil ame-o ou deixe-o enquanto prosseguiam os êxitos no combate à subversão: apesar de algumas ações espetaculares, a oposição armada já se mostrava incapaz de pôr seriamente em xeque o poder. A subestimação da determinação do inimigo, que a cada dia evidenciava não estar brincando em serviço, vinha sendo fatal para a esquerda que se queria revolucionária.

Lá fora, a vida normal, as aulas a partir do segundo semestre. Sem excluir, na verdade, a hipótese de novos confrontos diretos com as autoridades. Mas não acreditava em complicações maiores. Deveria ter saído do país? Não sei. Partido para a clandestinidade e me comprometido com a luta armada, desta vez para valer? Talvez. Mas, que perspectiva nos oferecia, que não a suicida, a ação violenta contra o regime? Não estaríamos antes obrigados a resistir sobrevivendo, do que a morrer lançando a força contra a força neste combate desigual e, desta forma, reforçando ainda mais o inimigo?

Regime hipócrita e todo-poderoso de um lado. De outro, grupos de combatentes decididos, mas amadorísticos, com escasso apoio popular, cegos pelas suas estreitas categorias teóricas ou pela fé ingênua nas virtudes do militantismo radical, acreditando que um assopro seria suficiente para conduzir à conflagração geral, à avassaladora explosão das massas enfurecidas, pondo abaixo o edifício da iniquidade.

As prisões se sucediam. Não passava semana sem a notícia de uma nova "queda"; as organizações se desmoronavam. Entre uma dúvida e outra, o balanço, o esforço para extrair os ensinamentos da provação, o desengano, o trabalho de reconstrução.

Outro tempo. Mero intervalo fugaz que dali a pouco iria desaparecer sob o efeito de um raio fulminante. Como esquecer? Era uma sexta-feira como outra qualquer e eu convidara a amiga para o cinema. O filme: *A pequena loja da rua principal*. Ali, no cine Bijou, praça Roosevelt, bem perto do meu apartamento. Durante aquela sessão de cinema já iriam se apossando dos meus domínios. Já estariam lá, prontos para o bote. E, à saída do cinema, despreocupado, o corredor do prédio, sem vestígio de nada, o elevador ingrato funcionando como de hábito. Junto conosco entra um desconhecido e sobe até o 19º. andar, um antes do meu. Depois reapareceria no apartamento e tornar-se-ia bem conhecido durante todos os interrogatórios, no Dops. Saímos do elevador. Vou na frente. Chave na fechadura, mas, estranho, a porta parece aberta. Como é possível? Empurro-a. Da escuridão brota uma mão, outra, mais outra e me vejo de repente imobilizado. As luzes se acendem e alguém me bota uma metralhadora na cara. São mais ou menos dez homens, à paisana, alguns de paletó e gravata, outros em mangas de camisa, todos superarmados. Outro me aponta um revólver. Outros mais me seguram os braços, botam-me algemas e me empurram em direção à sala, jogam-me sobre a cama desarrumada. Imediatamente começam a chover as perguntas, pois o monstro tem pressa, não pode parar.

– Onde cêis tavam? Vamo, fala logo...

– No cinema...

– Mentira, que filme? Que cinema? Vamo...

E lá vai bofetada. A primeira.

Falo o nome do filme.

– Que cinema?

Falo o cinema.

Aos poucos vou saindo do espanto e começando a me inteirar da cena na sua totalidade. Os meus convidados são cerca de uma dezena e já andaram, ao que parece, em amplas atividades. Livros espalhados pelo chão misturam-se às roupas esparramadas, às gavetas reviradas, aos papéis jogados por toda parte. Os armários, escancarados...

– Vai dizendo logo onde é que tá escondido o berro...

Que berro, que berro, que berro? Berro? Viro-me para o engravatado, ar distinto, jeito de poderoso chefão:

– Quem é o senhor?

Ele se volta meio surpreso diante do inusitado da questão atrevida, encara-me por alguns instantes, mas é como se olhasse através, volta-se para outro lado e dá ainda uma ordem, tranquilo, burocrático, para um dos subordinados. Depois, voz mansa, pausada, ameaça:

– Você já vai ver logo quem sou eu...

Quero protestar, mas diante de tamanha segurança e de semelhante desembaraço no trato da propriedade alheia, faltam-me palavras, embora até esquecida, sob efeito da comoção, a natural timidez, transformada agora em engasgo e sensação de impotência. A amiga não foi algemada, noto com satisfação. Apenas obrigaram-na a sentar na outra extremidade da cama onde é mantida sob respeitosa vigilância, seu ar bem família parecendo conter em grande parte os furores desencadeados. A porta permanece escancarada desde o início. Novos personagens, provavelmente instalados em outros pontos estratégicos, velando pelo bom andamento da captura, entram em cena, falam com o chefe, contemplam a presa, saem novamente, voltam e de novo desaparecem. Os outros ainda procuram alguma coisa apartamento afora, escaninhos adentro, vãos, cantos, recantos. E o dinheiro, e a grana, que cê fez com a grana?, clama o outro. Um deles fez questão de apagar no assoalho e por todos os lados os diferentes charutos que consumiu enquanto esperava, nervoso.

Alguns se dedicam ao enchimento, com livros, de várias malas. Também papéis, material que parece comprometedor, tudo para dentro, fotografias. Não deixaram de se apoderar, aliás, de uma suspeitíssima máquina de escrever, dessas antigas, de escritório, que por sinal nem era minha, que imprudentemente eu tomara emprestado da faculdade a fim de redigir um trabalho, mas que, na falta de coisa melhor, levaram, apesar da minha advertência quanto à sua procedência, para constituir peça importante do corpo de delito. De delírio... Corpo.

Enquanto isso, não cessam as perguntas, em sua maioria inteiramente absurdas. Um tira pega uma revista *Veja* que tem na capa uma foto do "Esquadrão". Ainda o Esquadrão. Na foto, vários policiais.

– Olha só, Tigrão, diz para o colega ao lado, o nosso amigo aqui é quente mesmo... Tem até foto tua. Olha aí... Gargalhadas gerais.

Nesta altura dos acontecimentos, penso cá comigo, até que minha experiência anterior já começa a ter sua serventia. Conheço um pouco os truques e os procedimentos de intimidação, o que me permite até certo ponto guardar uma parcela de sangue-frio, não me deixando esmagar definitivamente pelo terror. Façanha sem dúvida das mais proveitosas nesta singular situação em que o menor gesto pesa de modo especial, em que qualquer hesitação desencadeia uma lógica imperturbável que conduz a outros gestos, lógica propícia ou não em função das nuanças quase imperceptíveis que separam premissas sutilmente díspares.

O delegado rege as operações como o chefe de orquestra. Se não aprecia devidamente o conteúdo dúbio de uma aflita resposta e, irritado, eleva um pouco mais a voz, os executantes, dispostos à sua volta e sensíveis às menores oscilações da voz convertida em batuta, põem em ação os seus vigorosos instrumentos. O tom um pouco mais elevado reclama sonora bofetada como se se tratasse de uma consequência silogística. É fácil imaginar o que acontece quando o homem se zanga, como ocorreria, verdade seja dita, poucas vezes no meu caso, quando o regente se exalta, quando fica mesmo bravo pra valer e encolerizado exprime seus sentimentos com um melodioso "seu filho da puta". Por exemplo.

E eu poderia também contar a história do Mário Japa. Por exemplo. Pelo menos a história que eu sei. Mário Japa. Lembram-se? Pois é, naquela altura a fama dele em todos os escalões do Dops, a reputação dele, era enorme. O pessoal o citava como exemplo. Apanhou pacas, de tudo quanto é jeito, e não abriu a boca. Nada. Não disse absolutamente nada. Nem confirmou se o nome que constava dos documentos que com ele foram apreendidos era dele mesmo ou não.

Em meio à confusão, passa, acelerado, o videoteipe cruel da indigente carreira do militante "revolucionário", predominam a hesitação, o dilaceramento incontornável entre os imperativos da fé e a falta de entusiasmo pela via violenta.

Que me espera agora? Que crimes cometi, afinal? O grande pecado, ao contrário, não teria consistido justamente na falta de firmeza em me ter convertido integralmente à causa, em não ter acreditado o suficiente na excelência do combate e ter me perdido, como muitos outros, segundo vai nos revelando pouco a pouco a crônica do período, de ter me abismado nas sinuosidades dos melodramas pessoais em vez de me anular convertendo-me em dócil, mas eficaz instrumento cego a serviço da grande causa?

Como deixar de me pôr totalmente em questão, ali, diante de tão vil desfecho? Como não me perguntar pelo sentido de todo esse movimentado passado, atendo-me exclusivamente à fria descrição dos eventos? Como não mobilizar o espanto diante de tantos significantes de consequências tão devastadoras?

O fato é que *me voilà* de novo enredado nas malhas do bicho leviatânico, veterano, currículo aumentando. Mas o ambiente não é dos mais propícios às meditações tardias e eis que as operações se encerram dentro do apartamento e já me conduzem para fora, novas algemas, desta vez afiveladas nas mãos cruzadas às costas, aos empurrões, enquanto o tira me joga o paletó nos ombros quando saímos à rua, dizendo que era para disfarçar. E já me encontro de novo diante de uma viatura – e daqui por diante não será sem o frio na espinha que me cruzarei, nas ruas, com uma perua Aero Willys. Igual a esta que agora atravessa a cidade e nos conduz, a mim e à amiga, para onde?

– Sabe pra onde a gente tá indo? O esboço de negativa é interceptado:

– Dops, cidadão, Dops!!!

E o brilho significativo dos olhos no qual se lê o infinito respeito, o desmesurado prestígio de que goza a sigla perante seu fiel servidor. Esclarecido o mistério do destino na madrugada, não deixo de notar o progresso. Com que então ser-me-á dado agora transpor novo degrau, conhecer o outro estágio, experimentar os novos labirintos da engrenagem? Como milhares de outros eu iria, assim, perscrutar vários dos meandros do vasto território. Poucos, afinal, pois, ao término de novos dez dias que, é óbvio, muito custaram e custaram muito a passar, via-me de novo devolvido à liberdade das ruas sem que tivesse tido nem tempo de pesar direito tudo aquilo. Sem que tivesse chegado a compreender direito o que é que queriam afinal comigo ou onde afinal tinha eu me metido quando ainda procurava explicar a mim mesmo os meus passos. Achava-me perdido – apesar de todas as veleidades de atuação e todos os quixotescos propósitos de transformação do mundo – nas veredas sinuosas que poderiam me fazer captar com exatidão os termos de mediação entre as especulações teóricas abstratas daquele outro pacato *cidadão*, utopista subversivo, de um lado, e, de outro, a brutalidade não menos formidável do universo empírico do seu século. Mas estas mediações se revelavam cruelmente inadequadas, grotescamente ineptas no que concerne à decifração dos enigmas ou à descoberta da via "real" da história brasileira.

E depois, sistematicamente, instalar-se-ia o delírio. Sob formas variadas. E depois, minha vida censurada, corte não só epistemológico, mas certamente fundo, bem no fundo. Diante de tamanhas provações, todos os problemas de antes, afinal, como diria o outro, não passavam, definitivamente, de jogos de infância. Quem sabe não estaria eu apto a ingressar agora na Grande Política?

CENA PRIMITIVA

A sala de recepção é ampla, espaçosa como em qualquer repartição. De cada lado, em sentido perpendicular à grande janela dos fundos, dois sofás velhos, esburacados como nas salas de visitas de subúrbio. No fundo, debaixo das janelas, duas mesas sobre as quais se espalham papéis em desordem e repousam velhas máquinas de escrever que dentro em pouco começarão seu labor ruidoso sob a regência do intelectual do bando, o escrivão com ares mais amenos do que o resto da companhia, aquele mesmo, agora reconheço, sim, aquele mesmo que subira conosco no elevador, por ocasião da captura.

– Olha aqui, garotão, a gente vai te dar uma chance... Se você colaborar, tudo bem. Vou te pôr uma caneta e papel na mão e você vai escrever tudo, mas tudo mesmo. Depois a gente te manda embora e fica tudo legal. Certo? Entendido?

É o Tigrão, ainda manso, que me passa caneta e papel enquanto os outros, diligentes, vão esvaziando as malas em busca dos indícios da minha periculosidade. O Tigrão ainda me explica melhor. Afinal, começo a compreender. O que eles querem mesmo é saber de fulano de tal, sim, esse, velho amigo, a quem cedera há algum tempo o meu apartamento para uma reunião do seu grupo clandestino. De posse de caneta e papel, meu ímpeto inicial é contar tudo. Velho reflexo de intelectual imbecil? Pois é, começo a escrever minha autobiografia. Como vê o senhor, a mania já vinha desde então. Começo a contar como conheci o fulano, há tantos anos, colega de faculdade ou por aí, e vou escrevendo, certo de que conseguirei, pela força da pena e a veracidade das informações, convencer os interlocutores da minha pouca importância. Depois de algum tempo, o mesmo Tigrão arranca--me o papel da mão, olha para aquilo, coça a cabeça, parece até meio desanimado, fecha a cara...

– Olha, fulano, cê tá sendo infantil... Que qué isso minha gente? Qualé?

Não consigo entender bem e não percebo por que motivo aquelas informações ditadas pela mais completa boa-fé não têm a virtude de despertar o menor interesse. De repente, sob o olhar insistente e a cara que se fecha mais e mais, a carranca que nada de bom pressagia, o estalo. Ah, sim, compreendo, o que eles querem é o endereço do amigo... É óbvio. Mas, quanto a isso, feliz ou infelizmente, nada, absolutamente nada tenho a dizer. E é o que afirmo, mas não parecem persuadidos. Mas não tenho nada com nada, apenas conheço fulano, amigo pessoal. Insisto na minha inocência e argumento com a minha detenção e posterior liberação pela Oban.

– Ah, não, num vem com conversa. Se você saiu de lá é porque enrolou eles...

Mostram-me algumas fotos retiradas das gavetas lá do apartamento. Querem saber dos fotografados. Explico, mas parecem ainda insensíveis. O Zildo se afasta e se põe a conversar com a amiga no outro extremo da sala, onde a deixaram sentada desde o começo, assistindo ao desenrolar dos sucessos. Novas perguntas que já me atordoam até que resolvem, alívio, encerrar o primeiro estágio, esgotados que parecem os seus recursos e já extorquidas as primeiras informações gerais que permitirão o desenvolvimento ulterior da pesquisa.

– Bom, tá bom. Já que é assim, tá bom. Vamos embora. Agora cê vai em cana.

Fico em pé, esperando, já sem as algemas, aliviado, acreditando que o pior já passou.

O delegado fica na sala enquanto o grupo vai me conduzindo para fora, corredores afora e o Carlinhos Metralha manda que eu carregue um pacote, embrulho de jornais e vamos caminhando, silenciosos, pelos corredores até o elevador e até... E agora?

Tudo se precipita e eis-nos enrolados em espirais a nos enrolarem espiraladamente, eis-nos confundidos em sendas várias, caminhos obscuros em que nos desencaminhamos confusamente, eis-nos fundidos, confiscados, confundidos. Nu, pendurado, os choques. Como retratar a cena que retorna?

– Quem é a mexerica que tava com você?... Explica tudo! A gente acabô com a tua festa... Desculpa o mau jeito. Mas, não é por nada não, quem é a mulher?

E tome choque... Foi quando me dominou uma espécie de indignada explosão:

– Vocês querem incriminar minha amiga, porra? Ela não tem nada a ver com nada...

Não sei o que funcionou, talvez o tom inesperado, talvez aquela palavrinha ali tão de escrivão, *incriminar*, aquela simples palavrinha funcionando qual verdadeira evidência. O fato é que se acalmaram as dúvidas sobre a amiga, que viria a ser solta dois dias depois. Mas até se agravaram, parece, as suspeitas quanto a mim, pois se eu dizia que ela não tinha nada com nada não significaria isso que eu tinha alguma coisa a ver com alguma coisa?

A busca vai se organizando e outros nomes despertam a curiosidade. Perguntas. Gritos. Choques. Berros. Grunhidos. Choques. Perguntas. Passado algum tempo, resolvem deixar que o paciente repouse um pouco e me despenduram, depositam o fardo no chão, embora continuando a conservar mãos e pés atados. Aparece então o Zildo para uma espiadela no andamento dos trabalhos. Olha-me no chão e fica decepcionado.

– Comé isso? O cara aí no chão, assim, numa boa. Qualé a de vocês, até parece que vocês nem são da pesada... E até o Tigrão tá aqui. Assim não dá.

O que é suficiente para que me pendurem de novo e desta vez por um tempo que parece infinito. E de novo o ciclo pergunta-choque-grito-resposta ao qual em breve se acrescenta novo elo: as fezes do paciente que se derramam e espirram em monumental diarreia. Todos fingem indignação e me insultam, mas, na verdade, não parecem lá tão surpresos, pois devem estar habituados e logo há os que se movimentam em busca de jornais e se encarregam de recolocar tudo em ordem. Novos choques. Os gritos aumentam, agora já é ódio puro. O delegado, jeito cúmplice e compreensivo, mas de qualquer maneira responsável, diz para o tocador do instrumento que não, que isso não pode, que isso tá proibido. O fulano então sai e volta logo em seguida com várias tiras de pano enroladas, que se transformam em mordaça logo aplicada firmemente sobre o orifício causador daquela entropia perturbadora do bom andamento da operação. O movimento na sala, contínuo, vaivém incessante. E mais choque. E mais outro. Os gritos desta vez abafados e os trabalhos mais dentro dos regulamentos ao mesmo tempo em que a mordaça acentua o aspecto clandestino da cena, enquanto também se multiplicam as angústias e o medo diante da perspectiva do suceder de novos ciclos ou de um aumento na dose do martírio. De vez em quando tira-se a mordaça, depois do choque, e os ouvidos atentos ficam à espera de respostas devidas, tudo agora diante da supervisão científica do bacharel bem-vestido.

Hoje estou certo de que os cristianismos ingeridos no berço contribuíram em grande parte para o agravamento desnecessário da situação, pois, afinal, não tinha eu feito nada de efetivamente grave, além de vagos contatos e meteórica militância em setores de imprensa. Mas não estaria a aumentar minhas culpas, a agigantar o pecado imemorial diante das simples suspeitas? Havia também, apesar de tudo, a consciência militante, que eu não conseguia disfarçar de todo e acabava me enredando. Além do mais, a velha arraigada ojeriza à autoridade em geral e em especial àquela que se sobrepunha no momento à vontade nacional.

O interrogatório desde o início não podia deixar de ser um combate, o prolongamento da luta política, não em virtude de heroísmo especial, mas em consequência de um reflexo automático. Os experientes funcionários teriam, assim, pressentido no olhar, no tom vacilante da resposta ou na ideologia secretada pelas palavras e coisas minhas, alguma nesga de culpa no cartório que os teria conduzido à conclusão: esse a gente pendura. Tudo isso somado à rotina normal utilizada na extração de dados, que já consagrara a esta altura a via mais fácil e mais rápida da coleta de informações por meio do pau sobre cavaletes, ornamentado de descargas elétricas. Mais tarde, os ideólogos oficiais e oficiosos procuraram enfatizar o caráter excepcional de tais procedimentos, esforçaram-se por caracterizá-los como abusos isolados, acidentes de trabalho que não comprometem a instituição na sua totalidade. Mentira. Meu caso, por exemplo, constitui flagrante desmentido.

Até o fim, Zildo continuará no comando das operações. Conheci depois outros delegados que também me interrogaram ou apenas comigo cruzaram entre um interrogatório e outro, mas não tive a oportunidade de me defrontar com o rei dos animais, com a besta apocalíptica, a famigerada fera, figura histórica histérica que domina o período, destacando-se por seus feitos e a abnegação especial com que se consagrou ao serviço do regime.

O chefão encontrava-se, na ocasião, conforme se soube posteriormente, em plena missão de caça às bruxas em Paris, onde permaneceu, ao que parece, por tempo razoavelmente prolongado, coligindo informes a respeito das atividades relacionadas aos grupos de exilados na capital francesa. Não me foi permitido assim assistir ao espetáculo da sua prepotência, nem receber das suas mãos, como ocorreu para tantos outros – como, por exemplo, irmã Maurina – os choques. Nem tive a oportunidade de vê-lo passear, entre uma sessão de tortura e outra, brandindo um rebenque, tal como se apresentara para outros amigos. Não sabe de quem falo? Ora, daquele mesmo que alguns anos mais tarde morreria de morte grã-fina e, que pena, até rápida demais, saltando de um iate para o outro no píer da Ilha Bela.

Mas, olha, Sérgio, a tua escola não deixou nada a desejar e teus substitutos trabalharam direitinho.

O chefete manda que me retirem do instrumento. Depois de tanto horror, a execução da ordem chega como prêmio inesperado, bálsamo que me vem pelas mãos dos algozes. Colocam-me no chão e vão desamarrando os braços. Depois, as pernas. O delegado se põe de cócoras e ainda quer algumas informações complementares sobre o personagem que buscam, o meu amigo. Como é ele? Intelectual? Da pesada? O tipo físico? Intelectual, explico. Mas quase ganho nova bofetada do Tigrão já íntimo que vocifera:

– *Você* não, oi maninho... Mais respeito. Cê tá falando com um delegado de polícia. *Doutor, você* não. Cê tá falando com um doutor, ô imbecil! Chama ele de *senhor*.

Corrigida minha desabusada linguagem, satisfeitos os meninos, realizado o doutor (em burrice, evidentemente, em idiotice balofa), atiram-me as roupas amontoadas e ordenam que me vista, rápido e rasteiro. O tom geral da alegre companhia agora já é outro, bem diferente, *verschieden*.[7] *La Différance*.[8] Todos agora parecem mais aliviados, descontraídos, numa boa, orgasmáticos e quase vitoriosos, como se tivessem acabado de ganhar mais uma sangrenta batalha contra o demônio do comunismo, exercendo sua verve inesgotável na troca de piadas de gosto duvidoso.

Vestido. De novo gente. Ou quase. Coisa, depois de tudo o que acontecera, que eu já nem julgava mais possível. Tudo pronto, o grupo prepara-se agora para deixar a sala. Caminho, no meio deles, cabisbaixo, sentimento esquisito, eu é que estava meio sem jeito, já ia até pedir desculpas por alguma coisa, enquanto eles, alegres e satisfeitos, sorridentes, ridentes, risonhos escoltando-me de novo pelos corredores. Como é possível que tenha ocorrido tudo isso, neste tempo acelerado? Se havia alguém que não estava em absoluto preparado para enfrentar tamanha *experiência*, era bem eu, o filhinho de papai que aqui vos fala. Por que logo comigo tudo isso? Merda! Por que comigo? Filhinho de papai para o qual quase tudo correra até agora num mar de rosas. Agora, ali, aquele preço. Sim, a ideia é a de que estava pagando caro demais, preço muito alto pela minha inconsequência, ingenuidade, burrice, falta de rigor ou irresponsabilidade. Mas de que serviria agora a lamúria tardia? Estava pagando mesmo... E feio. O negócio era aguentar, tentar suportar e continuar a luta.

Na volta, fazemos o mesmo percurso de ida. Só que o elevador, desta feita, deposita-me lá embaixo, no subsolo, onde se situam alegremente as jaulas enfileiradas e vou, em companhia

---

7 Diferente, diverso. [N.E.]
8 Conferência proferida por Jacques Derrida na Sociedade Francesa de Filosofia, em 27 de janeiro de 1968, na qual o pensador realizou uma análise semântica do termo *différance*, formado a partir do particípio do verbo *différer*. [N.E.]

de dois tiras, em direção à carceragem para as formalidades de praxe. E lá terá lugar um outro ritual, este já meu conhecido. O ritual que precede imediatamente o enjaulamento: cintos retirados, todos os pertences, e tudo anotam com eficiência e probidade. Espero, espero ainda, durante um tempo longo. Afinal, o Carlinhos e o carcereiro me acompanham e atravessamos portas de grades, penetramos pelos corredores das celas, de um e outro lado, no corredor principal, em direção aos meus novos aposentos, caras espiando lá dentro. Até àquela celinha lá do "fundão" no fim da perna do corredor em formato de L. Ali, durante seis dias, precisamente, permanecerei em absoluto isolamento, em contato somente com os guardas da prisão, carcereiros, empregados que vinham regularmente trazer as refeições diárias e apenas entreouvindo outros companheiros de celas ao lado, além de vislumbrando uma nesga do espetáculo através do postigo, pois aqui não é grade, é uma grande porta de ferro; para além dos buracos da pequena grade, que fura o retângulo na porta de ferro, uma fatia do espetáculo se desenrola de vez em quando, lá em frente, no cruzamento dos dois corredores por onde às vezes passam policiais empurrando nova vítima que trancam, trancafiam, estridentes, na cela em frente. Quando os dois me deixam, lá dentro, clausurado, não se esquecem de avisar:

– Olha, amigo, daqui a pouco a gente volta pro repique. Certo? *Repique*! Sabe o que é o repique? O negócio é que cê num falô tudo. Dá um tempinho aí que daqui a pouco a gente volta de novo pra conferir, pro repiquesinho e então cê conta tudo... Tá legal?

E a porta pesada se fecha e fico só, dentro do cubículo, adornado com minúscula janela atravessada por grades e posta lá em cima, no teto. Fico à espera de novas sessões como esta que acabara de protagonizar e com o vocabulário mais uma vez generosa e gratuitamente enriquecido. Lições de sabedoria diversa foi o que não me faltou nestes turvos dias. Em outra ocasião, durante outro interrogatório, mais tarde, em um dia que me chamaram lá em cima, foi a vez do Tigrão, de novo o Tigrão, sair-se com esta:

– É, meu – disse pensativo, e até parecia sinceramente compadecido, depois de muitas perguntas e já bastante esclarecida minha inofensiva participação nas atividades "subversivas"... – É, meu, a gente nessa vida não pode ser muito bom...

"[...] *perché uno uomo che voglia fare in tutte le parte professione di buono, conviene rovini infra tanti che non suono buoni*" (*De Principatibus*, cap. XV).[9]

Logo em seguida, sonhador, o mesmo personagem acrescenta:

– Pois é, quando a gente entra em alguma coisa tem que ser pra valer, tem que ser até o fim... – Se eu estivesse fumando, o cigarro me cairia da boca, diante da sabedoria emanando dos lábios do surpreendente personagem.

Lições raras, pena que proferidas por indesejáveis professores. Mas outras houve também e tão mais ricas, porque expressas na linguagem profunda, bela, plena da solidariedade a brilhar naquele mundo concentrado onde se ensaiavam disciplinas comunitárias belas e utópicas. Haveria outros professores, professores de "necessidade de vida", como disse um deles outra vez, ainda na Oban, um tipo curioso que passou alguns dias conosco, mas que não se parecia com os outros presos políticos, que vivia contando mil histórias de seus percalços com as autoridades e a todos encantaria, depois de no início ter levantado até suspeitas, na sua meteórica passagem de dois dias ou mais pelo XI.

---

9 "[...] porque o homem que quiser ser bom em todos os aspectos terminará arruinado entre tantos que não são bons". Nicolau Maquiavel, *O príncipe* [1532], trad. Maurício Santana Dias. São Paulo: Penguin; Companhia das Letras, 2010. [N.E.]

Esperei acordado madrugada afora e o dia inteiro pela volta dos verdugos, que só apareceriam na noite seguinte, sábado. Quase me senti bem quando as chaves se movimentaram e a porta se abriu para as caras já familiares do Japonês e de um outro, ao lado do carcereiro, caras à espreita mandando que eu saísse. Foram logo avisando que me acalmasse e percebi que mudara algo e alguma luz começou a cintilar no sombrio horizonte. E, com efeito, as coisas agora melhorariam consideravelmente.

Saímos e vamos em direção a um novo interrogatório, lá em cima. Na mesma sala espaçosa da primeira noite, os mesmos personagens. Olho um por um. Carlinhos, menos excitado, agora parece até meio sem jeito. Lembro-me do que me dizia ainda ontem, quando íamos deixando a perua e entrando no Dops.

– Cê sofre do coração?

E eu, cândida e idiotamente, respondi: Não!!!

Não é mesmo incrível? Já era uma preparação para o depois das iluminações grátis, oferta gentil da casa. O depois das iluminações, que culminou na madrugada do cubículo, onde recolhi e pus em um canto os cacos de uma das lentes dos meus óculos, quebrados durante o entrevero anterior e que agora me espetam a mão de repente, dentro do bolso do paletó. Eu as guardara em um canto da cela, num gesto frio e calmo, entrevendo para os cacos eventual serventia. Entre os estilhaços da consciência e os cacos da lente passei aquela noite de agonia, noite que se repetiria com outros ainda por muito tempo até que as mortes não programadas ou os "suicídios por enforcamento" se tornassem de tal forma absurdos que acabariam por explodir à luz do dia, tornando visíveis aos olhos de todo mundo as entranhas nauseabundas do monstro, obrigado, a partir de então, a retroceder. Até quando?

Como queriam que agíssemos? Violência gera violência, meus senhores. O absurdo não teria sido, ao contrário, querer manter as regras de civilidade em meio a uma guerra suja e contra um inimigo implacável, a tudo disposto? Além disso, a única maneira rápida e eficiente para ter acesso aos núcleos da rede subversiva, prontos para desativar novos encontros assim que falhasse um contato no ponto, não era, justamente, obrigar o indivíduo que acabara de cair em nossas malhas a falar o mais rápido possível? Nossos instrumentos de luta, assim sendo, tiveram de se adaptar ao comportamento específico do inimigo. Não é mesmo?

Oh, maquiavéis baratos, não é assim que vocês responderiam em um momento de franca lucidez? E o que replicaríamos? Não seria o caso de evocarmos o torrencial discurso sociológico-moral, ético-jurídico, recheado de lutas de classe e marxismos a perder o fôlego, que jorra hoje aos borbotões do alto de cátedras reabilitadas? Não, poupemos o ouvinte, contenhamos a indignação e calemo-nos. Não é melhor assim?

4

Lá em cima, na mesma sala da noite anterior, os mesmos personagens – será o repique? – mas, não, agora o tratamento é outro. Quebrado o gelo inicial da maneira singular como aqui o fazem e esclarecida melhor a situação do paciente, pode o interrogatório prosseguir de forma menos rude. Zildo e o bando agora me veem de maneira nova, já me olham como se fosse pessoa qualquer, normal, e não mais um perigoso agente do mal. Novas perguntas, querem saber de mais detalhes e agora, menos desconfiados, dão maior crédito às respostas. Querem saber de minhas ligações, comprovadas e impossíveis de desmentir, com vários dos procurados ou com outros, já presos e até banidos. Puxa, como é que você conhece todo mundo? Então é porque é quente mesmo. Ainda ameaçam, ainda ensaiam a dúvida, exigentes.

Chega então o momento mais difícil. Mais doloroso ainda? Como se fosse possível, pois é. Aqui chegado, senhor, empaco, difícil prosseguir, falta-me a voz. Um pouco de paciência, pois. É difícil, deitado aqui no divã, contemplando a suave galeria da parede em frente, muito difícil é trazer de volta à consciência, ir buscar lá no fundo a voz paternal do Zildo, santo Izildinho agora tão bonzinho, que me diz tudo bem, não fique nervoso, as coisas estão se esclarecendo e agora nós queremos apenas a tua colaboração. Apenas...

– Olha, fica tranquilo, a gente só quer que você leve a gente até a casa dessa fulana aqui... – e me mostra a fotografia daquela outra amiga que acharam entre minhas coisas e que, durante a sessão-relâmpago dos raios doloridos, dos arrepios descarregados dos fios grudados nos dedos dos pés, durante a agonia vomitara eu seu nome e a informação. Sinistra colaboração, covardia, por que não resisti como o vietcongue? E agora a consequência da fraqueza. Queriam que os levasse até lá pois era a única pista e julgavam que lá encontrariam o procurado, amigo nosso comum que habitualmente frequentava a fotografada. Nítido, o novo abismo de consequências se pinta no interior da lógica incontornável, a constelação dos suplícios encadeados no processo de erosão do sujeito desfalecente, envolto na bruma das perversas opções. Por tudo passemos rápido!

Cercado pelos rapazes ainda tento furtar-me e pergunto se minha participação em pessoa é mesmo imprescindível e alguém me responde: é claro que sim, e vamos tocando rumo à porta de saída e rumo a um desses enlatados norte-americanos da televisão; dentro da perua, dois policiais na frente e dois atrás, armados até os dentes, metralhadora e tudo. Eu, atrás, demolido. Não sei se quando chegamos ao destino, algum gesto de desespero mais aparente desperta no Zildo, fino psicólogo – ao qual não parecem escapar os movimentos mais sutis ou os mais imperceptíveis abalos na alma do réu –, o comentário: Olhaí, hem, diz virando-se para mim, qualquer vacilação sua aqui e a gente te apaga e não sai nem no jornal, ninguém fica sabendo...

Entramos, aberta a porta pela empregada, na casa da amiga, são duas horas da manhã e ela não está, só as crianças, ruidosamente despertadas pelos visitantes inesperados. Depois de se instalarem na sala e esperarem por algum tempo, decidem voltar para a perua e tocaiar a dona da casa lá de dentro. Voltamos de novo e, juro, há um momento, quando atravesso a rua, vacilação, que penso mesmo em fugir, sair correndo pelas ruelas conhecidas, reapossar-me do cenário tão familiar. E a liberdade parece tão perto, bastaria um pouco de determinação e sorte? Relâmpago de tentação, loucura logo aplacada e de novo dentro do carro.

Um Volks estaciona em frente à casa enquanto os caçadores se assanham, saltam para fora da perua e evoluem na madrugada, colocando-se, armas em punho, de cada lado do carro e encenando compenetrados o ato banal do faroeste suburbano. Dois deles ficam dentro da perua e os outros apontam as armas para o motorista assustado e sua companheira, as portas sendo logo abertas, polícia, polícia, vamo descendo, vamo saindo, acabô a viagem, fim da linha.

Conduzidos até a perua, a amiga vai à frente e o acompanhante, que não conheço, é jogado no fundo, na parte de trás, depois do banco em que me encontro. Não se perde tempo e logo que o veículo arranca chovem as perguntas. De novo o irmão Metralha esbofeteia a amiga, pois não gostou de uma quase imperceptível resposta. Quer saber o endereço do amigo comum, do procurado. Intervenho e lembro ao pessoal, apostando na minha nova credibilidade duramente conquistada no banco dos choques, que eu já dissera anteriormente que também esta amiga não tinha nada a ver com a subversão e que não sabia do endereço do outro. É então que ela, olhando para trás e me encarando, ainda perplexa, começa a dar sinal de que vai entendendo aos poucos algo do que se passa. Diria depois ter acreditado em um assalto.

A viagem prossegue de volta ao claustro, roubados à noite sossegada, sequestrados do Brooklin Paulista, furtados da avenida Santo Amaro, misteriosa artéria inacessível, que a familiaridade das silhuetas na madrugada torna ainda mais absurda.

Vontade de gritar, chamar por alguém, avisar a todos sobre a ignomínia. Mas a viatura corre depressa na noite fria e de vez em quando, entre as já insuportáveis piadas, nova pergunta à que a amiga consegue com dificuldade responder. O seu companheiro parece mais perplexo ainda, embora por enquanto ninguém por ele se interesse. Estariam reservando-o para mais tarde? No Dops ele será colocado em uma cela ao lado da minha, na ala esquerda do corredor e, assim, poderemos, durante algum tempo, conversar, falando alto através dos postigos. Esse realmente estava, como se diz, por fora de tudo, pacato industrial, e era natural seu espanto absoluto. A certa altura do interrogatório, já na sala do Dops, um dos tiras descobriu entre ele e Bacuri – figura de proa da luta armada que naquele exato momento também mobilizava atrás de si toda a polícia do país – uma semelhança. Será que é, será que não é?, diziam excitados a manipular fotografias. Afinal, alguns dias depois o industrial foi liberado e cerca de quinze dias mais tarde, segundo se soube depois, Bacuri seria preso e acabaria por ser assassinado ali mesmo no Dops, depois de várias semanas de torturas de todos os tipos.

Levaram a amiga para uma outra sala ao lado e só ficamos ali o industrial, eu e alguns outros policiais. Depois de algum tempo alguém vem me chamar até a outra sala e vai dizendo que explique as coisas pra ela, que diga pra ela "contar tudo pois o negócio aqui não é brincadeira". Digo, então, olha, fulana, o negócio aqui não é brincadeira, é melhor você contar tudo pois eu fui torturado. Tudo enquanto ela me olha e já parece um pouco mais calma. Cumprida a missão, retiro-me acompanhado por outros dois que já me escoltam de volta aos aposentos.

Lá, o cenário já familiar, o lar que já parece antigo. As portas se trancam. Passeio em torno do pequeno retângulo que se afunila um pouco em um dos lados. As duas barras de ferro lá em cima, no teto, guardam-me contra a tentação permanente de evasão, o desejo louco de sair pelos ares navegando através dos raios da luz que, ao amanhecer, após uma nova longa vigília, começam a se esparramar pelas paredes e a iluminar parcimoniosamente a exígua paisagem, espaço áspero, e as inscrições patéticas.

O que me reserva este domingo, segundo dia de reclusão? Que horas serão? Já bate forte a luz do dia quando alguém anuncia, através do postigo, que se abre de súbito, a dádiva do senhor, alimento para as feras, pão duro e um copo de plástico cheio de café com leite quente, cujo gosto é até hoje páreo para as maiores iguarias e se classifica entre os primeiros na tábua dos valores palatais. Estendo a mão, pego o copo, o pão duro. Um gole, um pedaço de pão, quente o pão, duro o gole, duro-quente a refeição matinal, a luz brilhando, despejando-se generosa, como é bom viver em liberdade, como bom e bem em liberdade. Mas o alimento se evapora e as cadeias se enrolam no pensamento. Como me safar desta? Qual foi, afinal, o crime cometido? Terei, também, direito à anistia?

Com a luz penetram alguns sons lá de fora e o rádio anuncia os lances decisivos no México, Jairzinho avança pela direita e nós caminhamos em direção a mais uma merecida conquista.

Hoje, no silêncio das paixões políticas, olho com mais serenidade para o passado e aceito melhor o crime da minha ingenuidade, pelo qual caro pagara. Olha, ainda ontem revi a distante dedicatória posta pelos dois amigos da adolescência no volume sétimo das *Obras completas* de Plínio Salgado, Editora das Américas, em 1955. "Ao fulano, uma contribuição para a luta, que também é nossa, de restauração do prestígio da Inteligência e do primado do Espírito. Dos amigos que o cumprimentam..." Luta que também é nossa? Esforçavam-se por seduzir-me, converter-me ao credo que julgavam redentor, que os inflamava de fúria santa, e até que conseguiam me fascinar fortemente. Embora relutante, consentia eu em algumas caminhadas ao lado deles, embora desconfiado, embora resistindo, mal, falta de argumentos contra a enxurrada de nacionalismo grandiloquente e mística descabelada do grande chefe nacional a fulminar de bacharelesca retórica as imaginações e os espíritos provincianos dos mal-informados adolescentes.

Mas o que fascinava, já naquele momento, era certamente a impressão ou a promessa de que nos achávamos diante de algo novo, de uma "palavra nova dos tempos novos", que iria ajudar-nos a arrebatar os quadros estreitos do medíocre cotidiano da província, escapar aos conformismos e ao pesado caminho de antemão traçado e que conduzia diretamente dos bancos colegiais até o... Rotary Club. De qualquer maneira, diante daquilo que me parecia estreito demais, é claro, amigos, só podia eu estar de pleno acordo com o prestígio da Inteligência e o primado do Espírito, embora me assustassem, me repugnassem, o furor sagrado, o fanatismo, as disciplinas, o moralismo verdolengo que me deixava com um pé atrás, me dava ânsia de vômito, já desde aquela época, e me punha até curioso por conhecer de perto os tenebrosos inimigos, me empurrava gradualmente para o lado de lá, primeiro em direção aos seguidores do "nefando liberalismo", de cujas ameaças [sic] queriam os novos profetas, para o povo brasileiro, salvar a "verdadeira liberdade".

E nada prestava, ninguém prestava, os amigos eram radicais; os comunistas, aproveitando-se das liberdades excessivas, infiltravam-se por toda parte, ocupavam postos, traiçoeiramente ameaçavam os lares, disseminavam o ateísmo, corroíam as energias da pátria e ninguém percebia, todos viviam tranquilos, certos de que tudo ia bem, só o chefe nacional e seus apóstolos viam o mal contra que, inflamados, não cessavam de alertar. Mas, afinal, essa doutrinação excessiva acaba cansando e se esboroando diante das realidades, bem diferentes; enfim, aos poucos percebíamos que a doutrina, já anacrônica, vivia, na realidade, confundida e confundindo os incautos, os seus estertores, seu último lampejo: o chefe nacional e suas legiões seriam, de fato, a partir daquele mesmo ano de 1955, varridos do cenário político nacional e tomariam, petrificados, a sua figura definitiva no museu da teratologia política pátria. Mas não estariam de certa forma de volta, depurados e sofisticados, em nova encarnação e desta vez triunfantes? (Não esquecer que nesta altura dos acontecimentos o Buzaid era o ministro da Justiça.)

Ah, sim, ainda naquele domingo seria eu novamente chamado. Haviam capturado o amigo procurado e precisavam acareá-lo comigo. Na sala grande, o amigo, algemado, sentado no sofá. Ao lado o Zildo, gozando a vitória. Como permanecer objetivo? Como censurar a dor, o ódio, o grito, a morte, o furor, a fúria?

Aos poucos vou me inteirando do ocorrido. O amigo fora preso na casa da outra, onde passara por acaso naquela manhã e onde fora surpreendido por alguns dos tiras que lá ficaram de tocaia desde o dia anterior. Ficará alguns anos preso, depois de passar igualmente por vários tipos de tortura, que começam com o seu espancamento ali mesmo, diante de mim, naquele momento, pois dera aos tiras um endereço errado quando perguntado onde morava. Tentou segurar durante algumas horas a ação da polícia, e só depois de espancado, ali na minha frente e, depois, submetido a choques, acabou revelando o próprio endereço.

– Olha – diz o Zildo enquanto o espancavam –, não gosto de barbarizar ninguém, é melhor contar tudo...

Barbarizar...

Encerrada a sessão, levado o amigo para outro local, fui recambiado para o fundão, onde fiquei mais quatro dias, esquecido, em completo isolamento, adivinhando os acontecimentos lá fora pelos ecos parcos que chegavam até meus ouvidos ou pelos bilhetes que consegui trocar com alguns companheiros de outras celas, graças à mediação de alguns prisioneiros que, escalados para o serviço de limpeza ou distribuição de refeições, conseguiam esporadicamente aproximar-se da minha cela.

Fico, assim, sabendo da presença de alguns conhecidos em outras celas, inclusive o Carlos, que já encontrara na Oban. Fico também sabendo da liberação das duas amigas, ocorrida, a de ambas, ao que parece, logo na segunda-feira. Houve um dia em que me apareceu através do postigo a cara, imagine só, do próprio Metralha. Cara de pau, cínica, sem jeito, como querendo pedir desculpas, alô, como vai, tudo bem aí, amigo, precisa de alguma coisa?...

– Olha, tem aqui um pacote de cigarro que mandaram procê... – Surpreso, nada digo, pego o pacote. Ele olha ainda por mais alguns instantes, explica quem mandou o pacote, e se retira.

No final do sexto dia vieram me buscar para me conduzir a novos aposentos: uma das celas grandes na ala central, onde já se encontravam vários outros detidos. E, finalmente, depois de quatro dias, virão de novo chamar-me e mandarão que arrume as coisas. As despedidas e a festa geral, novamente.

Lá em cima, avisto os personagens conhecidos. Enquanto aguardo, sentado em uma das poltronas, o Metralha dedica-se, compenetrado, pedindo um palpite para uns e outros, a preencher um cartão de loteria esportiva. Aparece o Zildo e, por ele autorizado, consigo recuperar muitos dos meus livros, inclusive a *História da Revolução Russa*, do Trótski – trata-se de um historiador, alego –, que vou colocando dentro de uma das malas, enquanto deixo os "proibidos" em outra, tudo debaixo da sua vigilância. Querem também que eu leve a máquina de escrever, mas é muita coisa pra carregar e digo, então, que virei buscá-la no dia seguinte.

Deixa-me depois com outro delegado, que inicia um longo interrogatório, querendo saber de novo de tudo, das minhas ligações, das minhas atividades etc. A certa altura aparece um sujeito que eu ainda não conhecia e conversa com o delegado, que, virando-se para mim, diz:

– Olha, esse aí é lá da Oban. Eles tão querendo você de volta porque acham que você enganou eles. A gente tem que te mandar pra lá... A não ser que você confesse tudo!!

Conviene che rovini.

— Mas, confessar o quê? Os senhores estão querendo tirar leite de pedra...

Vira-se o outro, supostamente da Oban, e diz:

— É, é assim mesmo: sempre acaba saindo um pouquinho... Depois, quando tiver a virada, vocês comunistas se vingam e aí vocêis vão fazer muito pior com a gente. É ou não é?... É, mas aqui nesse país não vai ter virada nenhuma!

Afinal, o Zildo, que assistia de lado, meio indiferente, à pequena encenação, vendo o pavor estampado no meu rosto, tranquiliza:

— Não esquenta, não. A gente tá só brincando. Você vai sair hoje mesmo...

Simples brincadeira, manifestação do primado do Espírito...

Virada... Não custa sonhar, de qualquer modo. Você já imaginou o Golbery do Couto pendurado da Silva? Virada... Completa inversão de posições? Como reagiriam aos choques o Metralha, o Zildo, o capitão – sem metranca na mão –, o tenente, o coronel, o general, o marechal? Não seria gozado?

Com efeito, algumas horas depois, lá em frente ao velho edifício, eu fazia sinal para um táxi e indicava ao motorista, ao abrir a porta:

— Por favor, avenida Ipiranga.

II SUORES NOTURNOS

> *[...] Manuel ouvia pela primeira vez a voz daquilo que é mais grave do que o sangue dos homens, mais inquietante que sua presença sobre a terra – a possibilidade infinita do seu destino.*
>
> L'Espoir, André Malraux

9 de junho de 1959

O DIA HOJE ESTÁ CLARO. CLARO DEMAIS ATÉ. O sol desenha um retângulo sobre a cama, à minha direita. Domingo. Tudo contribui para o sono, para a inércia. Como explicar, então, essa necessidade imperiosa de expressão que de mim toma conta de repente? E, afinal, expressão de quê? Sinto-me, na verdade, absolutamente oco. Sem passado nenhum. Sem futuro? Só com esse instante de sol.

A minha própria face se desfigurou e eu tenho a impressão de vagar amorfo e etéreo na amplidão de um espaço sem horizontes definidos, ilimitado: um ponto de interrogação lançado no azul.

Este abandono me assusta. Que foi feito das minhas amarras, que permitiam que eu caminhasse pelas ruas agitadas e cheias de perigo da metrópole fascinante? Que amarras eram essas assim tão frágeis? Sem elas, agora, voo, vago.

O que é que se passou comigo, afinal? O que é que ocorreu nestes últimos anos? É necessário fazer um balanço, levar esta figura psicologista da consciência até o fim, para depois me livrar dela. De um lado, os créditos. De outro, os débitos. Mas a própria metáfora contábil não oculta a irremovível culpabilidade neurótica que me persegue há anos, que me bloqueia os passos, que me tira o tapete, que me sabota as forças, que me brocha a vontade?

Quem sou eu? Há três anos estas perguntas talvez fossem supérfluas. Eu me julgava, então, possuidor de certezas inabaláveis e de um sólido edifício de razões de ser. Confiava nos valores herdados e aplacava minhas inquietações com a boa companhia dos compêndios ilustres. Tudo parecia fácil e as dificuldades não passavam de distúrbios passageiros de um organismo são e em perfeito funcionamento.

Hoje tenho apenas o sol que entra pelo retângulo da janela. Que fazer com tanta luz? Nada, absolutamente nada. Não me pertence. Serve, quando muito, para pôr em evidência, por contraste, minha confusão interior. Clima hostil, sem dúvida, para aventuras autobiográficas.

Vamos proceder calma e cautelosamente. Com método. Primeira constatação: por mais que me esforce não encontro dentro de mim a não ser o meu próprio vazio. Em consequência, devo voltar-me para o que se passa ao meu redor, para o mundo objetivo. Estou aqui em um quarto de pensão. Como vim parar aqui? Quando vim para cá, da minha interiorana cidade natal, tinha que morar, evidentemente, em algum lugar. Segunda constatação... Isto parece bem claro. Eis-me, pois, no meu quarto, minha casa. Quem sou eu? Ora, sou um indivíduo que veio do interior e que mora em um quarto de pensão. Abertura para o instante, demorância no espaço: estar aí filtrado pela angústia, crispada atenção tendida para o mistério. Nem o espaço, nem o instante, porém, se oferecem com absoluta pureza. Pois na estante da parede mora um outro conjunto infinito de universos, abafados momentaneamente nas folhas das brochuras.

Janela aberta para a casa desabitada do lado. Foi aqui, neste cenário, que durante três anos, depois das lutas e das derrotas sofridas nas ruas, voltei a encontrar o semblante abatido; foi aqui que me refugiei como animal acossado. Meu quarto, meu amigo, testemunha fiel das minhas peripécias e agruras nestes últimos anos. Depositada em cima da escrivaninha, minha carteira de estudante: "O Acadêmico X matriculado no 4º ano do curso de direito pagou a taxa correspondente ao presente exercício". Muito bem. Eis-me, pois, de posse de mais uma informação preciosa. Atenção futuros biógrafos: o estudante de direito X, morador em um quarto de pensão, pagou a taxa correspondente ao exercício outrora presente, hoje ausente. Mas, deixemos de divagações. É necessário conservar o método e a lucidez, pois a investigação ainda nem começou direito. Então, quem sou eu? Sou um estudante de direito que mora em um quarto de pensão e que possui muitos livros, além de alguns ternos dependurados no interior, entreaberto, do guarda-roupa antigo.

Estes elementos reunidos têm a virtude de oferecer o essencial, no que diz respeito, aos condicionamentos exteriores que propiciaram as transformações dos últimos anos. Para cá mudei-me há quatro anos. Terminei o curso colegial clássico no interior e para cá me dirigi a fim de prestar o vestibular para a Faculdade de Direito. Até então minha vida transcorrera de forma normal, digamos; sem sobressaltos e as lembranças que tenho da época são claras, coerentes, os fatos se explicam uns pelos outros e a minha conduta adquire contornos sem arestas. Tinha, sem dúvida, alguma vocação intelectual e já lera bastante. Acreditava, então, em uma porção de coisas e me empenhava em praticar da melhor maneira possível a minha fé católica, mais intelectual do que vivencial. Acreditava piamente nos livros dos pensadores católicos mais festejados, de São Tomás a Maritain. Vivia muito bem neste universo, mais como espectador do que como ator. Sugava os livros como um vampiro e sua seiva transfusionava-se para dentro de mim, dando-me a impressão de que era a minha própria. Vivia feliz! Não sem grandes dramas de consciência, com muita culpa, pois os impulsos instintivos, digamos assim, levavam-me muitas vezes a repudiar, na prática, as regras que eu acreditava serem próprias à moral por mim abraçada. As seduções do mundo eram bastante eficazes, impedindo-me de levar até o fim a minha fé. Vivia, assim, numa permanente tentativa de conciliação entre os imperativos de uma dimensão e da outra.

Quando me vi diante do trem que deveria me levar para a cidade grande não consegui esconder de mim mesmo um grande medo, ao lado de uma curiosidade e uma grande sede de ver as coisas novas...

Ainda me lembro muito bem.

Grande movimentação nas plataformas da estação. Nos semblantes ainda mal redimidos do sonho, um brilho ainda artificial de vivacidade e um novo sonho acordado de viagem. Meus pais estão calados enquanto converso animadamente com o amigo. Fazemos planos. Uma aventura comum nos une, mais uma.

As luzes ainda estão acesas, mas logo vão se apagar, dando lugar ao dia que vai estacionando na estação, com preguiça. Na curva, ao longe, surge o trem e o apito pontua o murmúrio geral.

– Chegou a hora – diz minha mãe e algumas lágrimas quase chegam a brilhar.

Todos correm, confusão geral. O trem para com estrépito. Eu também corro com a mala grudada na mão direita e entro em um dos vagões.

6 de agosto de 1959

Sinto-me só. Fora do mundo. Como o personagem do livro *The Outsider* de Colin Wilson, de que gostei imensamente e que faz muito sucesso nos dias que correm. Diz este autor: "Quem sou eu? Eis aí o problema essencial do Estrangeiro". E eis aí por que me identifico.

O futuro me parece um abismo. Tenho medo. Acho que sempre fui assim, pensando bem. O mundo sempre me pareceu um pouco hostil. Até hoje ainda não consegui me dar completamente a alguma coisa e, por este motivo, parece que elas fogem diante de mim. Não sei onde é o meu lugar certo. Sempre fiquei meio de fora, como um estranho, mesmo entre os amigos mais próximos.

O futuro está aí, ao meu lado, imenso, incerto, desconhecido. É preciso decidir logo, agora mesmo. É preciso me libertar destes naufrágios cotidianos. O pior é que não sei como vou sair disso tudo. Devo escolher um caminho e sofrer até o fim as consequências dessa escolha. Cada vez mais, aliás, vou me convencendo de que minha verdadeira vocação, meu verdadeiro destino é o de refletir sobre mim mesmo e o mundo.

Devo me libertar antes de tudo da tirania do outro. Mas para isso é preciso, talvez, mergulhar cada vez mais na solidão.

Sinto-me limitado, tenho dúvidas acerca das minhas possibilidades. Que fazer? Antes de tudo, quero enxergar claro. Lucidez: eis a principal exigência.

7 de agosto de 1959

Dúvidas pululam, como livrar-me delas? Hoje só, como ver? O círculo me encerra. No entanto, por que tanta inquietação, ou melhor, preocupação, por que não, simplesmente, contentamento diante do mistério, o verde da folha ainda molhada, a gota que molha e olha lá para baixo como a questionar sobre as condições de possibilidade do mergulho, a cachoeira petrificada das telhas marrons, rolando fixas no agasalhar a que foram destinadas. Telha, folha, árvores, casa, espaço livre de dúvida, tranquilo estar-aí íntegro, inteiro, despreocupado persistir. Na ponta do galho o pequeno pássaro por um instante pousado parece bastar-se no ato simples de ver. Plenitude do em-si, como diria o filósofo, vazio e oco dentro de mim, pequeno-burguês inquieto, pleno do vazio de dúvidas.

Tenho me lembrado muito ultimamente daquele antigo, digamos, surto neurótico infantil. A mesma cena repetiu-se durante muitas noites seguidas. Encerrados os alegres lazeres do dia, chegava o triste momento em que minha mãe anunciava: *tá na hora de ir pra cama.* Lembro-me bem, nitidamente. Lá íamos nós, meu irmão e eu, que fazer?, pois já era mesmo hora. Cumprido o ritual apropriado, metíamo-nos na cama e, normalmente, logo pegávamos no sono, deitados confortavelmente debaixo das cobertas e embalados pelas vozes na animada conversa dos meus pais com os amigos na sala de jantar ao lado do quarto. Neste período que tento evocar houve muitas noites em que não consegui dormir imediatamente e em que fiquei no escuro do quarto a escutar com inveja o profundo ressonar do irmão ao lado. De repente, uma horrível visão me atacava e me botava em verdadeiro pânico. Era a seguinte: eu me via, de repente, morto, dentro da sepultura. O que mais me aterrorizava era o fato de eu não conseguir compreender como poderia a alma – que me haviam ensinado imortal – desprender-se do corpo, libertar-se dele. Acreditava que isso não fosse possível, imaginava então que continuaria consciente, na posse de meus sentidos na eterna escuridão tenebrosa da sepultura. Certo, sabia do céu ou do inferno. Mas achava difícil compreender como seria possível minha alma desvencilhar-se dos seus despojos para ir gozar, na melhor das hipóteses, as delícias do paraíso. Mas até mesmo os terrores do inferno me apareciam como menos terríveis do que a perspectiva de uma prisão perpétua dentro da cova, a contemplar impotente a decomposição gradativa, sob o ataque dos batalhões dos vermes inimigos. Fazia esforços sobre-humanos para compreender o enigma, suava e estremecia e o fracasso da investigação obscura me arrancava lágrimas de pânico. Não podia compreender e acreditava que alguma informação talvez me tivesse sido sonegada, que a história talvez tivesse sido mal contada. Acredito que tinha oito ou nove anos. E durante várias noites a visão atroz me sucumbia: por um instante interminável, eu assistia sem poder fazer nada ao banquete triunfante dos ascarídeos. Que fazer para me livrar do fantasma? O choro baixinho logo se convertia em pranto convulsivo e quase grito. Meus pais corriam para o quarto e tudo faziam para aplacar meus pavores, buscando compreender sua causa. Quando, porém, eles me perguntavam por que é que eu chorava, curiosamente eu nunca ousava expor-lhes o fundo mesmo do problema metafísico que me aterrorizava, talvez por não acreditar fossem eles capazes de solucioná-lo, o que me tornaria definitivamente miserável. Respondia, assim, travestindo minha inquietação e dizendo que tinha medo de ir para o inferno e por isso chorava. Meus pais, prontamente, asseguravam-me de que eu não iria para o inferno, que me tranquilizasse, e era o quanto bastava para me devolver a paz e me encaminhar de novo para o sono. Maneira de responder que se explica, talvez, pela minha imediata necessidade de consolação, que eu pressentia na invariável resposta aliviadora diante da minha pergunta transfigurada.

Mas o episódio contém certamente muito material, traz certamente ocultas nele muitas pistas para a explicação do ulterior evoluir. A ele devo retornar. E insistir. Tentar decifrá-lo.

2 de setembro de 1959

Acabo de ler *L'Espoir* de André Malraux. Belo, belo. Diz ele que a "possibilidade infinita" do destino dos homens é mais "inquietante" do que "sua presença sobre a terra". Quase no final do livro.

Quando releio este monte de reflexões desconexas que vou despejando sobre este caderno já velho, comprado ainda lá na terra natal, na Livraria São Bento, fico um pouco aborrecido. Sinto em tudo o que foi escrito um tom de mentira. Será que é muito difícil escrever com absoluta sinceridade?

Por que escrevo? Alinhar palavras, construir frases, apertar parafusos gramaticais, de que adianta tudo isso? As coisas continuam a deslizar pelo abismo do tempo afora lá longe no meio da rua e como é distante o meio da rua. Volúpia estéril da masturbação, vacuidade dos prazeres solitários. Lá fora, na rua, está ameaçando uma tempestade e o meu grande problema existencial, no momento, é o de saber se saio ou não, se vou ou não até o Tribunal de Alçada ou se deixo para amanhã o cumprimento da enfadonha tarefa.

Não sei por que escrevo, mas não importa. Vou continuar escrevendo, vou me submeter às palavras e deixar que elas corram livremente. Alguma coisa vai ser retida, talvez, quando futuramente eu procurar fazer um "balanço vital" no estilo de Dom José Ortega y Gasset. Puxa, há quanto tempo não ouvia eu falar deste ilustre cavalheiro!

18 de outubro de 1959

Não é um passo, pois não progride. Parece agora barulho de chuva. Um passo seria mais sutil. Todo passo abafado sobre fundo de silêncio noturno carrega uma certa malícia. Mas infelizmente não é passo: a intensidade da expectativa é que me faz transformar a realidade sonora. Agora, bem nítida, começa a cair a chuva, acabando definitivamente com as esperanças. Mas continuo à espera. Mais um pouco, mais um pedaço de tempo deverá ainda ser ocupado por estes óculos sobre a mesa, este maço de cigarros Continental e os livros mudos.

Como é difícil esperar. Se a espera fosse calma, fixa, imóvel, ainda ia. Mas não, o diabo é que ela se fragmenta, compõe-se de uma série de instantes, de sugestões de paisagem circundante, com mil armadilhas e enganos. Formas que a ansiedade da gente constrói, mas que têm uma curtíssima existência. Um simples gesto faz tudo desmoronar e a gente continua ali, pateta, esperando, e aquilo parece infinito, eterno. Os ouvidos se aguçam, as pupilas se dilatam e todos os sentidos se concentram. Espreita, atalaia. Esperança, demora. Mas há várias qualidades de espera.

Essa minha, de hoje, é pura e simplesmente a do macho, talvez a mais triste de todas. Pois quando ela não se cumpre, quando se frustra a expectativa, tudo é questionado, a ordem do mundo, abalada, e é exatamente isso que parece estar acontecendo agora comigo. Ainda bem que sou um grande escritor, que freudianamente posso sublimar os impulsos subalternos. É tão simples!

3 de dezembro de 1959

O ano está chegando na reta final e eu estou aqui no novo quarto, estupidamente só, pensando e tentando traduzir este murmúrio interior para o papel em branco. Eu queria uma iluminação, uma revelação súbita, um relâmpago estridente e não essa coisa leve e pesadíssima que sussurra dentro de mim. Milhares de pensamentos que se entrechocam.

Hoje mudei-me para um quarto isolado da casa. Uma ilha no fundo da casa. Acho melhor assim, pois tenho mais independência. O quarto é razoável. Na parede em cima da cama há um quadro horroroso com pretensões vanguardísticas. Quem o terá colocado ali? Uma mulata beiçuda ostenta um enorme brinco amarelo sobre um fundo esverdeado.

A janela do quarto dá para uma espécie de pátio. A janela é bastante baixa. Logo ali em frente há umas árvores não sei de quê, plantadas em um pequeno canteiro. Além das árvores fica um outro quarto independente, acima da garagem.

Pronto, olha aí. De repente sinto meu estilo meio mentiroso. Tudo parece meio falso. Por que assim acontece? As palavras, parece que não me pertencem. São propriedade privada dos outros e quando as uso acho que elas não exprimem exatamente aquilo que estou tentando exprimir. Quero ver no abismo de mim mesmo, sem interposições, sem opacidade.

22 de janeiro de 1960

Estas são as primeiras palavras que escrevo aqui neste caderno, no ano que se inicia. Este ano precisa trazer uma profunda modificação na minha existência. Quero deixar isto gravado aqui para servir como ponto de referência.

É preciso operar a conversão definitiva, é preciso reencontrar-me, tornar-me autônomo, menos poroso, escolher meus próprios caminhos. Sartre diz de Jean Genet: "*Et puis un beau jour, il s'est trouvé qu'il était converti exactement comme on se retrouve guéri, parfois, d'une passion qui a fait longtemps souffrir*".[1] Cura, conversão. Será que assim também vai ser comigo?

2 de fevereiro de 1960

Hoje estou impregnado pela figura de um morto recente: Albert Camus. Li uma reportagem no *Paris Match* sobre ele e fiquei bastante comovido. Na capa a revista traz uma foto enorme de Camus, este meu amigo íntimo. Um ligeiro sorriso camufla a severidade do olhar, e ele estava vivo naquele momento. Essa figura foi ludibriada, sua vida convertida em "destino" como dizia Malraux, porra, como a morte é uma coisa besta. O que me

---

[1] Em tradução livre: "E, de repente, um belo dia ele percebeu que estava convertido exatamente como quando, às vezes, nos vemos curados de uma paixão que nos fez sofrer por muito tempo". [N.E.]

putifica é a impotência. A figura da foto me traz todos esses pensamentos tristes.

19 de junho de 1960

Longa tarde de domingo. O tempo ali fora, além da janela, parece fixo. O céu profundamente azul está riscado de branco por algumas nuvenzinhas perdidas. O sol vai declinando lenta e fixamente. As coisas todas repousam espectralmente no róseo. A árvore e, ao lado, a outra árvore. Descansam, companheiras inseparáveis no mesmo gesto congelado. Envolvendo tudo, o silêncio dominical, a paz do senhor. A trégua semanal. O armistício. A guerra fria e as quentes, suspensas.

A paisagem parece profundamente hostil a qualquer elemento humano. Os homens estão repousando no interior das suas fortalezas. É como se a natureza e as coisas, vendo-se liberadas, se pusessem mais à vontade, indiferentes ao espectador e entregues à sua gratuidade.

Como todo mundo repousa, fico também obrigado ao ócio. Preso aos limites da paisagem. O *être-dans-le monde* me dá antes de tudo, nesta interminável decomposição da tarde de domingo, uma vontade louca de explodir. Mas o único que nos resta é a imaginação, esse poder de negação do mundo. O indivíduo que não recorre à imaginação e que se submete à tirania da paisagem é um conservador por excelência, um reacionário. Ele admira o pôr do sol...

4 de julho de 1965

Releio, cinco anos depois, este caderno, que, afinal, ficou quase totalmente em branco. É com indisfarçável prazer que contemplo a distância que hoje me separa dele. Já não me reconheço mais nas suas ingenuidades e na ignorância ignorante de si mesma que se acha estampada aí. Houve transformações, não há dúvida. Progresso? Mas há algo que permanece. Ganhei em lucidez, em amadurecimento. Meu domínio sobre os meios de expressão é hoje muito maior. Há, porém, um fundo permanente que não se abalou com todas as experiências acumuladas ao longo destes cinco anos. Se me libertei de muitos fantasmas, ainda não me libertei de mim mesmo. "*On ne guérit pas de soi-même*", diz Sartre – ainda Sartre – em *Les Mots*.[2]

---

[2] "A gente se desfaz de uma neurose, mas não se cura de si próprio." Jean-Paul Sartre, *As palavras* [1963], 6.ed., trad. J. Guinsburg. Rio de Janeiro: Nova Fronteira, 1984. [N.E.]

III REPETIÇÃO

Minhas obras escriptadas
– Não podem ser censuradas!
Pois 'stão relacionadas
– Com as coisas enxergadas!
Delas são fiel retracto
Qual de fotógrafo acto!

Qorpo-Santo apud Flávio Aguiar, in
Os homens precários.

1

NA PEQUENA CELA AO LADO, ao lado deste novo domicílio que te impuseram, de novo, naquela pequena cela ao lado, que não é possível ver daqui, mas só imaginar, alguém não para de cantar...

Lamento-guincho. Dissonâncias raras que se extraem, mistério, do profundo abismo. Dentre as frases melódicas ininteligíveis que se repetem com a monotonia da máquina rangendo nas suas articulações, algumas palavras, de repente, distinguem-se nitidamente. De que boca primitiva partirão os arcaicos ruídos graves que se esforçam, como indecisos na imitação de alguma cantiga que se esconde, difícil de copiar, em um canto da memória enclausurada? O meu companheiro de cela tapa os ouvidos: já não aguenta mais. Assim não é possível, não dá pra suportar. Vocifera: – Vamo pará com essa cantação? Inútil. O realejo continua, disparado, indiferente ao protesto.

– Olê, muié rendera... Lá, lá, lá, rá, ra, ra, ra... grum, grum. Olê, olê, olá...

Sem parar, compulsiva, a cantilena prossegue, como obedecendo a misterioso ritual. Ou não estaríamos, antes, diante de uma negação mágica, resistência simbólica, compensação imaginária que busca na reiteração encantatória de obscuros refrões o recurso metódico para a supressão da realidade atual?

– Ei, você aí do 6!

A voz é feminina. E, desta feita, como diria o causídico, *data venia,* para surpresa geral – geral, quer dizer, de nós três, que impotentes assistimos de nossa cela à evolução do sonoro espetáculo – consegue deter a melodia. Vinda de mais longe, a voz feminina, seduzida, talvez definitivamente enfeitiçada pelo primitivo sortilégio da insólita cavatina.

– Por que você tá aqui?

Silêncio, ainda. De repente, a mesma voz do canto:

– Rôbo... E você?

– Ah!... Nada não. Faço a vida, me pegaro onte e acho que vou saí hoje mesmo, só pra passá a noite. Você vai saí logo?

Silêncio prolongado. O diálogo é difícil. Das vozes sem cara. Afinal:

– Vô...

Nova pausa. Os interlocutores meditam, medem os passos dados, as informações trocadas e preparam a tática, o novo passo, o novo gesto vocal.

– Vamo marcá encontro pra se vê lá fora? É a voz feminina, mais longe.

A resposta demora, mas vem, enfim, lacônica:

– Falô!...

REPETIÇÃO

O assunto parece agora encerrado. O silêncio é longo. Tudo parece ter sido dito, mas é ainda à mulher que cabe a palavra final:
— Te mando um papagaio pra dizer onde é que a gente pode se ver e ocê responde, tá?...
Depois de novo silêncio, tem início outra vez a ladainha com a *sodade* se destacando, da Bahia, no atropelo dos sons semiarticulados, cantochão arquetípico no qual se mostra agora um quase tom de triunfo em alegríssimo, consumando a vingança estética. Fez a vida. Roubou. Motivos sem dúvida ponderáveis como distintivos que as vozes carregam com orgulho, bem precisos, compreensíveis. Mas eu, por que fui trancafiado?
Desta vez até que a coisa é mais precisa, cara, não reclama não, já que te supõem, até esta altura, envolvido com perigosos traficantes internacionais de drogas, dos quais um dos principais agentes seria o nosso amigo, Sérgio, que tá ali em frente, no outro canto da cela e que volta, desanimado, a tapar os ouvidos pra não ter que suportar o arremedo de música que inunda toda uma ala do Deic.[1] Sabe o que é o Deic? Pois é, depois da Oban e do Dops, o Deic... Não imediatamente: quatro anos depois.

De outros pontos do espaço, outros ruídos. Vozes, gargalhadas. A audição ocupando o lugar da visão roubada da sua amplitude habitual, confinada pelas grades de um lado e, de outro, pelas paredes sujas, decoradas de datas, nomes, grafites que se fixam insistentes, estatelados e mudos, solicitando a atenção repetidamente, até à náusea. Esforço-me por reconstituir o espaço além, extramuros, e me guiam os movimentos das vozes que se precipitam, vez por outra, em palavras nítidas brilhando no ar.

---

[1] Departamento Estadual de Investigações Criminais. [N.E.]

Proveniente do lado esquerdo, salvo engano, da cela grande ao lado, talvez, o rumor de conversas inextricáveis no seu mistério opaco e sórdido. Ali se amontoa, como foi possível constatar à nossa passagem pelo corredor, formidável chusma de delinquentes dos mais variados tipos e periculosidades. Ali vão sendo jogados logo ao serem detidos e ali aguardam os passos da investigação que se inicia. Dadas as precárias condições do local e a notável densidade demográfica, não é difícil compreender a qualidade de vida ou o teor de sociabilidade insociável ali predominantes, ainda mais em se tratando de perigosos infratores.

Nesta mesma cela, segundo nos contou o carcereiro, talvez para nos meter medo, um dos chamados "elementos" apagara o companheiro com o qual discutira durante todo o dia por causa de uma banalidade qualquer. Apagara, simplesmente. Na falta de adequados instrumentos de trabalho, recorreu a uma caneta Bic que enfiou na nuca do infortunado comparsa enquanto este dormia, na noite anterior...

Enquanto medito na história implacável, os ratos transitam provocadoramente: um deles passa correndo por cima do meu corpo estendido no chão de cimento e me dá o maior susto. A mesma geometria de ferro me protege – como diria santo Izildinho – do mundo exterior, como antes. Mas agora, quatro anos depois, as coisas parecem bem mais grotescas. Olho para o amigo e contemplo o choro convulsivo que dele tomou conta de repente, interrompendo a longa dissertação sobre o amor a Deus que lhe inspirava a circunstância. Não há a menor dúvida: tudo, neste ano da graça de 1974, tem um sabor de catastrófico apocalipse.

Tapar os ouvidos, chorar, escrever, desenhar, meditar ou mergulhar no misticismo. Eis os recursos disponíveis para nos evadirmos da realidade do Deic, onde me trancafiaram desde ontem, em companhia de outro companheiro, ao qual hoje se juntou mais este, todos suspeitos traficantes.

Escrever é o recurso que no momento escolho e no fundo de toda caneta – Bic? –, na extremidade de todo braço e em cada dedo que escreve dorme um sonho ancestral de escrita automática, sonha a utopia da espontaneidade absoluta, do escrever como fluido deslizar, jorro, corrente incessante, avalancha, transbordamento. De onde procedem as barreiras já bem mais antigas, na sua metafórica rigidez, do que as figuras do ferro da grade? No sonho de todo escrevinhador contumaz se agiganta o paradigma exemplar do grande autor, pregado na cadeira e com dedos conduzidos magicamente pelo inextinguível e incontido impulso criador. Isso, de um lado. De outro, o fantasma do bom comportamento literário, repleto de *datas venias* e outrossins, respeitoso até à vertigem das normas vigentes, das formas consagradas, dos caminhos palmilhados e contra o qual, fantasma, o único recurso, também difícil, seria, como recomendou o alemão, a dança. Ora, a dança agora é outra, o que torna as coisas ainda mais difíceis. Assim, do conflito permanente entre o bom comportamento e o anseio pelo fluxo, nasce o texto. Da mesma forma como, naquele apocalíptico instante, da contradição entre os imperativos obscuros dos bons costumes e o confuso anseio libertário, produzia-se a prosaica realidade da cela.

Esforço-me, como já disse, por reconstituir o espaço. Mas também me esforço por reconstruir o tempo de repente tão convulsionado. Ainda ontem, nesta mesma hora, eu me encontrava, tranquilo, em plena sesta, deitado na minha cama, no meu quarto, começando a acender o meu baseado adequado para o momento de recolhimento e devaneio, *ivresse* que já ia sendo cotidiana, evasão não – por que evasão? – mas, ao contrário, recurso novo de lucidez, desvio metódico pelo universo das essências, pelo *mundus inteligibilis,* indispensável para a avaliação adequada dos contornos e intensidades precisas das, embora sombras, prestigiosas.

E agora, eis-me jogado em uma caverna mais funda, na caverna da caverna, degrau mais baixo. Achava-me em plena inofensiva sesta quando irromperam, sempre ruidosos, aposentos adentro, algumas figuras desconhecidas que o susto não me impediu de identificar imediatamente como denotadoras da incômoda presença dos indefectíveis agentes da lei. Algemado, o meu hóspede, Sérgio, surgia no meio deles, cara de desalento. O comandante da operação, acompanhado por dois frenéticos auxiliares e mais dois cidadãos que se prestavam ao papel de testemunhas, já foi logo de cara avisando: Polícia! – como se fosse preciso. Polícia, polida justificativa, quase desculpa diante da invasão irresistível do pacato domicílio. Tão grande era a preocupação dos homens com o possível carregamento de ácido lisérgico que Sérgio teria escondido na casa, que ninguém deu muita bola para a cena do meu quarto e ninguém percebeu quando, de leve, eu deixei deslizar para debaixo da cama o baseado ainda mal aceso e pus-me de pé, prontificando-me a auxiliar os visitantes. Onde estaria o ácido? É este agora o tema excitante na retomada do diálogo com as investigantes autoridades sempre alertas. Vamos para outros aposentos e procura-se aqui e ali, os caras já ficando nervosos.

Como eu soubesse apenas vagamente do que se passava, não me foi possível mais uma vez ser de grande utilidade no que se referia ao bom andamento da investigação. Por via das dúvidas, encerradas as buscas de maneira infrutífera, também fui agraciado com reluzentes algemas e ambos, Sérgio e eu, fomos conduzidos até à viatura – de novo – empurrados para o assento traseiro – de novo – enquanto o delegado, deixando-nos com os dois tiras e as duas testemunhas, seguia viagem em seu fusquinha preto e branco na cabeça do cortejo. Não faltaria, assim, para mais este "crime" – crime de confusão, comportamento temerário –, a devida punição. Mais uma vez, a volta ao local ou a um dos locais de suplício. E, mais uma vez, conseguiria me safar sem grandes problemas, pois afinal, mais uma vez, o meu envolvimento era praticamente nulo com o suposto tráfico do LSD de primeira qualidade que o meu hóspede espalhara generosamente por São Paulo; eu me limitara a consumir na forma de uma unidade apenas a hóstia do delírio. Nada mais.

Mas os jornais não perderam tempo e gritaram diante do escândalo. Fui parar nas manchetes com fotografia e tudo. Uma das manchetes proclamava, divertida: "Filosofia, música e drogas".

Conduzido à barra dos tribunais feito bandido perigoso, atravesso as ruas da cidade sob a escolta de tiras mal-encarados e algemado, entregue à execração pública. Um providencial advogado, a mim chegado por laços familiares, foi o salvador, aquele que, para usar de uma linguagem mais incisiva, livrou o meu cu da seringa.

A pé... Do Deic, que já nem me lembro mais muito bem de onde fica, até, lembro bem, à praça João Mendes, logradouro onde se abriga, cega, a justiça pátria. Pois é. Por que escrevo tudo isso??? Por que relembrar águas passadas e repassadas e bem passadas? Qual a importância, afinal, do gênero – como chamá-lo? – "memorial"?

A única coisa que sou capaz de dizer no momento é que se as escrevo – as memórias – é para dar a mim mesmo, conceder-me em benefício próprio, uma "anistia ampla, geral e irrestrita", já que ninguém me concede. Por que não? Quem impede? Uso deste espaço para não deixar que tudo se perca, se evapore. E continuo dizendo dessa forma canhestra e imprecisa, infiel e abstrata. O fato é que tudo mudou, que era o mundo antes, o meu, bem diferente. E tudo vai ficar por isso mesmo? Eles torturaram, mataram, destruíram, tripudiaram, achincalharam, humilharam e continuam aí, juízes finais, são eles que decidem o que é certo ou errado, o que é bom ou mau. Mas esqueçamos as transas "morais" e retornemos à descrição dos eventos.

Sim, e daí houve a minha exclusão do processo, logo seguida pela liberação, dois dias depois da prisão. A prisão idiota, o vexame. De todas, aliás, a única que goza de uma existência oficial, tendo sido registrada até com manchete nos jornais e, pelas motivações que a ela conduziram, a mais desairosa, o que faz até hoje o ato de confessá-la uma tarefa ainda árdua perante o severo tribunal interno. As outras três prisões só gozam de um estatuto ontológico, por assim dizer, puramente prático. Teórica e oficialmente nunca existiram: residem no território da ficção.

É certo que entre esta e as outras – digo, as prisões – não há aparentemente nenhuma ligação imediata, até onde é possível perceber. Ou será que a polícia paulistana – no fundo uma só, do Deic ao Dops e adjacências – não teria se aproveitado da ocasião graciosamente oferecida para me submeter a mais uma vexação? Megalomania, dirá o bom-senso. Talvez, até admito. Mas não é isso que interessa discutir aqui. Na ocasião, dominado pelo que depois classifiquei como meu "surto paranoico", a ligação me parecia nítida e evidente. Tudo ajudava, aliás, a megalomania. O clima paranoico era geral nos idos de 1974, ainda. E, além disso, os delírios cotidianos liberados pela *cannabis* liberadora.

Como rigorosos militantes fumávamos desbragadamente todos os dias, da aurora ao crepúsculo, do banheiro à cozinha, da mesa à cama, da roupa à nudez, cavalgando em loucura nossos sonhos visionários. Militantes rigorosos e corajosos em contestação permanente, cada fósforo aceso como ato de protesto contra tudo e todos. Na verdade, dávamos prosseguimento, da forma possível, às fracassadas tentativas de existência e organização política de toda uma geração. Prosseguíamos no mesmo combate, transfigurando-o, inventando novas formas, mergulhando nas comunidades caóticas, nas *trips* coletivas, nos debates e discussões intermináveis, na busca desesperada de novas formas de convivência e no radical, definitivo, irreversível rompimento com a ordem de coisas vigentes. Fácil contestação – fácil? –, que desestruturava o universo bem-pensante e se exprimia através da permanência da clandestinidade, passando de mão em mão, de boca a boca, de pulmão a pulmão na ciranda do baseado, néctar com nepente, erva, serva. Grandiosas *"batalhas"* – lembram? – registravam-se todo santo dia, desde a procura da mercadoria na Vila Brasilândia até a roda de samba na rua Diana, passando pela leitura do *I Ching* na rua Cayowaá sob a direção do iluminado guru. Havia, de um lado, o bloco, o magote, na sua permanente rebelião fantástica e, de outro, o resto, o incolor, o inodoro universo da caretagem, onde pontificavam os carrancudos patrulheiros do logos, com todas as ideias bem no lugar e encarapitados em suas dialéticas pacificadoras. De um lado, a nova intensidade e a euforia inesperadas. De outro, o mundo das obrigações e do relógio. De um lado, a dimensão ignorada pela caretice geral, estado de graça, alegre durar. Muitas superiores gargalhadas quando nas rodas de fumo alguém lembrava do espanto daquele estudante português, em um dia de aula, diante da pergunta provocativa do companheiro sarcástico travestido de aluno, que interrompera o discurso professoral indagando:

— Professor, o senhor não acha que depois do LSD todas estas filosofias, toda esta metafísica foi definitivamente superada?

Grave questão, sem dúvida. No lugar do professor, o aluno se apressou a responder, nervoso: Mas isto não passa de *paraísos artificiais*!!!

Eis o outro contra o qual nos uníamos em gargalhadas que traduziam nosso minguado triunfo depois de tanto fracasso e frustração. Éramos definitivamente clandestinos. Inatingíveis, inacessíveis. E isto nos confortava o espírito, lavava a alma. Fora do alcance dos controles múltiplos. Éramos um punhado de irredentistas, bruxas e alquimistas que descobriam poderes ignorados ao mesmo tempo em que, com a fé reacendida, saravá São Thomas de Quincey, a crença fortalecida, a pureza reconquistada, o otimismo robustecido, dedicavam-se sem nenhum medo no peito à tarefa de propagação da boa-nova, dispostos a transformar mais uma vez este mundo incorrigível, e certos de que era preciso, como diria Merleau-Ponty, "formar uma nova ideia da razão". E de repente pareciam brotar de dentro de mim visões proféticas em contraste absoluto com o cotidiano miserável, aquele pobre milagre de circo mambembe que os arautos oficiais proclamavam e ao qual a realidade dos fatos se enquadrava com dificuldade. Feliz, eu conseguia enxergar nítido por cima das cabeças gerais, para lá do ano dois mil, e via, extasiado, o expresso supersônico dos brancaleones transfigurados a viajar disparado na pura luminescência.

2

Mas o expresso 22 do ano 2000 viajará apenas, agora, por dois infinitos dias entre quatro paredes sujas da cela, sem nenhum baseado para aliviar a barra ou arrebentar as grades. Alguns meses depois destes eventos sou novamente detido pela mesma Oban de outros tempos, ali, na mesma monótona rua Tutoia. Merda. Uma vez ainda terei – por mais dois dias – que viver o clima infecto daqueles fétidos porões do mar de lama de há muito solidamente agarrado nas tetas generosas do país.

A Oban, onde passaria mais dois dias. Já não era muito, demais na minha vida? Liberado, novamente, depois de dois dias, sem nenhum, mas nenhum mesmo, do chamado processo. Não seria eu nem mesmo digno de um *processo político*? Réu tão vil e desprezível que a ele se concede, no máximo, aparecer como um suspeito marginal misturado com traficantes de drogas? Pois é.

Dez e dez e, depois, dois e dois. Não é mesmo estranho? Eu também acho, o mais engraçado é que eu também acho, porra. Dez e dez e dois e dois. Consulto o *I Ching*, procuro os elementos de explicação para dada conjunção. Como entendê-la que se põe, de repente, tão nítida e cristalina, provocante? Procuremos, pacientes, os elementos que poderão ajudar-nos a decifrar a mensagem numerológica, sem pretender fazer, é claro, pauloemilianismo vulgar. Mas o fato é que no Deic não há baseados... Como fazer então?

O que há no Deic é gente que passa e repassa, no corredor, policiais com as mesmas caras imbecis de bem-sucedidos filhos da puta. Às vezes, aparece a cara do prisioneiro encarregado, naquele dia, da faxina. A cara de um pobre coitado, como nós, trancafiado naquela pocilga. Em determinado momento, depois de muito hesitar, um deles aproximou-se de mim, atrás das grades, e perguntou se eu não tinha um fuminho, ou melhor, uma "coisinha", mais para entabular conversação, acredito, do que por um interesse efetivo e imediato por qualquer coisa de efetivamente real,

Wirklichkeit. E assim iam correndo os dois intermináveis dias: primeiro no Deic e, alguns meses depois, na Oban de novo. Mas não confundamos as coisas e tentemos reconstituir a chamada ordem cronológica, pois Cronos é um deus muito poderoso e voraz que nos consome tanto que já não podemos mais deter o fluxo, o fluxo tão sonhado que de repente arrebenta.

Meu destino ia se decidindo misteriosamente lá fora, buscando, as competentes autoridades, fórmulas apropriadas para se safarem desta confusão, coitadas. E meu nome ia contribuindo para mais algumas páginas daquelas escuras seções que cuidam dos casos com que se vai tecendo dia a dia a crônica imunda das polícias da vida. Hoje, muitos anos passados, continuo achando tudo muito sinistro, evidentemente. Mas, que se há de fazer? Leio o poema que o amigo me deixou escrito com tinta vermelha em cima da folha de papel da minha mesa. Transcrevo-o no caderno. O título: "Janelas míopes".

O destino
O sistema
As coisas

O destino, o sistema. E as coisas... Se é verdade que a morte converte a vida em destino, a sensação de destino me converte agora a vida em morte. Muitos anos passados. Lembro-me daquela outra coisa que o mesmo poeta mandou quando eu me encontrava em Paris, recuperando-me dos tempos difíceis. Dizia ele:

"Tua terceira mensagem parisiense me surpreendeu – elas sempre me surpreendem – no início da tarde do dia 9 de abril. (Estamos em 1976. N. do A.) Em três páginas completamente manuscritas! Surpresa dupla, portanto: a da sua presença sempre bem-vinda e inesperada e a da extensão das coisas – sem susto algum – que você tinha a me contar. É ótimo saber que você vem redescobrindo o prazer de escrever (e de ler?) e melhor ainda saber que um pouco desse prazer chega até à rua Guapiaçu em forma de carta.

Um dia desses comecei a lhe escrever sem auxílio da máquina. Ela começava assim: 'Depois das dez da noite, a lei do silêncio me impede de escrever à máquina. Vai, portanto meu abraço, a letra manuscrita, mais pessoal, mas que pede um raciocínio mais lento, a mente mais lúcida, um trabalho mais sério, talvez, talvez apenas mais manual'. Fiquei por aí mesmo e não consegui terminar o que estava escrevendo. Hoje, ao receber sua carta, decidi responder e – me desculpe, a máquina de escrever foi a única forma de conseguir pôr os pensamentos no papel. O vício de redator profissional (desempregado) é muito mais forte do que os exercícios de caligrafia do curso primário. Mas, mesmo assim, viva a sociedade industrial mecanicista, que me possibilita entrar em contato à distância com você, através de um punhado de parafusos, pedaços de metal e rodas denteadas...

Não há depressões. Mas há certos momentos de calma tamanha e de lucidez tão brilhante que a gente medita sobre o trágico de estar vivo. Aí pinta a lembrança da paisagem do Sumaré que, para mim, é a imagem física dessa sensação de calma, lucidez e tragicidade.

Incrível a paisagem que você me descreve sobre o seu cenário parisiense. Pinte-a, fotografe-a ou descreva-a através de palavras – eu ainda acho que as palavras são o seu forte –, mas não deixe de continuar me contando o que é que você vê por aí. Eu, de minha parte, vou tentar prosseguir com a narrativa das minhas visões de São Paulo e das coisas que ouço nas viagens urbanas que são a minha profissão.

O Brasil vive um momento (?) de crise política. Os arenistas e os emedebistas discutem aridamente – como sempre, aliás – em torno de atos institucionais, constituições e liberdades. E tomam a liberdade – sem que esta lhes tenha sido concedida – de interferir nos meus apolíticos pensamentos e de me fazer refletir sobre o momento absurdo que a humanidade vive e que, de 1945 para cá, me é dado o direito de contemplar. Graças a Deus, entretanto, minha memória é curta e meu pensamento – à velocidade da luz – me transporta facilmente para Saturno onde a política não existe e onde os homens vivem em paz. (...)

São Paulo e suas gentes vão bem: na opressão do ar poluído e dos rugidos das máquinas, correndo, como sempre. As pessoas falam em viajar, em sair e em fugir, mas acabam frequentando os mesmos bares e as mesmas casas, conhecendo novas pessoas e discutindo velhos assuntos. Nada há sobre a mesa de um bar que não tenha sido bebido antes, desde os primeiros tempos da história.

Eu, particularmente, trabalho num catálogo para a Editora Alfabeto com o objetivo de descolar o dinheiro para a condução, os cigarros e a cachaça. É uma tarefa demorada e cansativa, além de mal remunerada, mas que está me fazendo retomar o contato com textos de história, sociologia e que tais, abandonados desde o abandono da universidade. Parece, também, que vão me entregar a tradução de um livro de ficção científica... o que prova que eu continuo sendo um inútil: a única coisa que sei fazer com algum sucesso é encher folhas em branco com palavras sem sentido. Mesmo assim, e apesar disso, as árvores continuam verdes, os passarinhos ainda cantam e o som que a vida emite ainda me conforta e me reanima. O Bem e o Mal ainda existem, pela graça de Deus, e dão sentido às decisões que cada um de nós toma, ao longo das 24 horas de cada dia.

Tome um copo de vinho em minha homenagem, beije a boca de uma mulher em seu próprio proveito, assista a uma peça de teatro para sua diversão. Fale da piscina, da margarina, da gasolina. Viva, que viver é bom, além de ser a única coisa da vida que realmente vale a pena. Escreva-me e escreva a todos. Paz e Saúde."

Beije a boca de uma mulher. Beijo a boca de uma mulher. Beijo. Mas eu acabara de chegar, estava chegando, ainda meio atordoado, a cabeça ainda lá no outro continente, o coração em trânsito. E se repetia minha reconquista de Paris, eterno retorno e na vitrine da livraria se repetiam os nomes dos autores tão familiares. Por exemplo: Régis Debray. Lembra-se? *Ouvrage du même auteur: Révolution dans la Révolution*. E outros bichos. Lembro muito bem: li o livro em 1967, devorando-o, como todo mundo, discutindo-o e buscando os caminhos. Como agora.

Gostaria de passar a palavra aos outros companheiros, mas muitos deles já não têm voz. Gostaria de passar a palavra ao amigo, abrir o espaço para a Profissão de Fé de um Guru Oriental, mas o amigo é como eu, também calado, também meio de voz perdida. Das confusas confissões, à moda do Grão-Mestre, em direção ao esforço de compreensão da época complicada, labiríntica.

Acho que chegou, então, o momento de concluir. E partir para outra. Mas, de delírio em delírio, fui me esquecendo de tanta coisa, como concluir? Não, um pouco mais de paciência, até que o exorcismo se complete e o vômito desengasgue. Tanta coisa esquecida... Os livros deixados no Dops... Os filhos da puta me roubaram todo o Marx a duras penas conquistado, sim, isso mesmo, duras penas, que pena. Ia me esquecendo também dos outros dois dias de 74 que também me roubaram, mas que ainda algum dia haverão de pagar – oh, fúria ressentida –, que me surrupiaram ali naquele mesmo local, já conhecido, que na época se chamava Oban e que hoje ganhou o nome de Doi-Codi, ali na rua Tutoia.

Vieram acordar-me, quando eu ainda acampava na rua Cayowaá, por volta das seis horas da madrugada. A campainha.

– Péééééééééééééééééééé...

Começando por me roubar o sono, levar-me-iam para mais um novo pesadelo, como se os demais já não bastassem. Desci a escada, abri a porta, depois que, tendo aberto a janela lá em cima, um dos dois caras que tocavam a campainha disse que eles vinham me falar qualquer coisa sobre o Imposto de Renda. Veja só, continuavam os humoristas de sempre.

Manjei logo do que se tratava, puta velha, mas desci, tremendo, conformado, mas desci, abri a porta e um deles, meio nervoso, já avançou o braço, pensei que ia sacar uma arma, mas era apenas para me mostrar seu documento de tira, meio envergonhado, diga-se a seu favor, e pedindo com urbanidade calhorda que eu os acompanhasse para alguns esclarecimentos. Disse que entrassem, sem dúvida, imediatamente, só vou até lá em cima buscar um paletó, pois fazia um pouco de frio e eu mal tinha acordado. Peguei o paletó, o quarto absurdo, o dia lá fora amanhecendo e eu vivendo *a priori* cada detalhe futuro, senti uma porrada na boca do estômago, mas não era nada não, somente o pânico, o pavor que me fez demorar talvez um pouco mais do que o desejado pelas nervosas e matutinas autoridades. Paletó vestido, pus-me à disposição delas e saímos e nos encaminhamos para um fusca vermelho e rápido. Partiríamos em direção à rua Tutoia e os portões se abririam e eu não diria nada, nada, nada, durante o trajeto e procurava, apesar de tudo, aparentar calma absoluta, como o mais justo dos justos, agarrando-me ao personagem que liquidariam dali a pouco.

E os delírios vão me fazendo, de tempos em tempos, esquecer de tudo isso. Mas como esquecer? O meu tempo livre, agora, na nova vida das ruas estrangeiras, mas familiares, fazendo-me deslembrar um pouco dos fantasmas polimorfos, que de novo voltam a me afetar, delimitar, despedaçar, corroer, doer.

"Paris, outubro de 1977.

Caríssimo:

Vi há poucos dias um filme comovente e desculpe se falo dele. É o *Le fond de l'air est rouge,* dirigido por Chris Marker e que faz sucesso atualmente nas salas parisienses, mas que nunca certamente passará no nosso paiseco de merda. O filme tem quatro horas de duração e é dividido em duas partes, separadas por um intervalo. De maneira que se trata de uma verdadeira, prolongada viagem histórica de longa *durée.* Apesar do ceticismo e do torpor em que nos submerge nossa década de poluição universal, Marker consegue nos mostrar com uma intensidade inesperada que o fundo do ar ainda anda banhado em uma tonalidade vermelha. E isso por meio de um processo dos mais simples: mostrando, da maneira mais hábil possível e por meio da mais exuberante das montagens, as imagens principais das nossas duas últimas décadas. E apesar do volume impressionante de informações, da brutalidade tão frequente das imagens do século, do nível elevado de reflexão política em que é conduzido o debate, da variedade e do amplo leque de posições em confronto, do Japão até a Venezuela, dos paralelepípedos do Quartier Latin às frágeis barricadas de Santiago, passando por aquela inesquecível figura do grotesco mais atroz que o napalm norte-americano desenha no corpo esfacelado do vietnamita anônimo, transformado em chaga viva, ninguém chega a perder o fôlego.

Documentário, sem dúvida. Mais do que isso: cinema 'histórico', no sentido mais forte possível do termo. E nunca o gênero histórico terá, talvez, conseguido tamanha virulência. Tão formidável é o poder da imagem, tão grande a magia do cinema, que tudo se passa como se de repente os fatos em pessoa – se é que *los hay* – se pusessem a desfilar despudoradamente à nossa frente, em toda a sua nudez, sem a mediação-deformação do narrador-historiador. Pura ilusão, já se vê. Pois tudo é fruto da mais inteligente construção. Filme 'militante' também, no sentido em que, de repente, o espectador sente de maneira intensa o trabalho do cinegrafista e de cada um dos participantes na elaboração do espetáculo. As vozes dos protagonistas de diversos acontecimentos alternam-se, por outro lado, com sugestivos comentários.

A distância que separa o filme 'histórico-militante' do simples documento se mede justamente pelo confronto permanente do texto falado por protagonistas diferentes e o jogo incessante de imagens que se superpõem, que se neutralizam num comentário em que é possível distinguir vários patamares expressivos. Um exemplo?

O filme é em preto e branco. Salvador Allende, alguns meses antes do golpe, conversa com os trabalhadores de uma fábrica de Santiago e tenta explicar aos camaradas as atuais dificuldades econômicas. Corte. Allende de novo, mas desta vez – e agora a película é fortemente colorida – ele acena, pela última vez, ao povo, nas sacadas do palácio La Moneda, aquele aceno já tantas vezes mostrado. Outro corte. Programa da Televisão Francesa. Debate realizado na época. Com a palavra Jean Ellenstein, historiador e na ocasião ainda membro do comitê central do PCF. Imbuído da suficiência típica do idiota bem-falante, o historiador explica a situação no longínquo país onde acaba de ser perpetrado um atentado contra um governo que tinha o apoio de um partido irmão. 'É impossível comparar a situação do Chile com a da França. Nossa classe operária é muito mais numerosa, a França é um grande país ao passo que o Chile é um paisinho perdido na América do Sul.' Novo corte rápido e volta à cena anterior, Allende discursando pausadamente para os trabalhadores, *close* sobre alguém na plateia, bem cara de índio.

Ainda: o passo de dança das jovens, belas manifestantes do Primeiro de Maio de 77 em Paris, que gritam a plenos pulmões: '*Oui, papa, oui chéri, oui patron, y en a marre*',[2] dá lugar ao passo semimarcial, à lúgubre cadência de botas masculinas, sapatos de antigas passeatas de algum antigo documentário não identificados os personagens. Contraposição de imagens, corrosão das figuras, desmistificação dos figurões ou dos superpoderosos do momento. Os dois lados de cada coisa. Os três. Os quatro...

O filme pode parecer pessimista. Mas a lição principal, finalmente, é bastante clara, bastante lúcida e nos encoraja, apesar de tudo, apesar do acúmulo de derrotas sucessivas. Dois ensinamentos básicos que as imagens reavivam. A certeza, trazida pelo desfecho da guerra do Vietnã, de que o imperialismo pode ser vencido e, em segundo lugar, de que a luta continua, ressurgindo o inimigo

---

[2] Em tradução livre: "Sim, papai, sim querido, sim chefe: estamos cansadas de tudo isso". [N.E.]

sob novas e mais sofisticadas roupagens. A primeira parte do filme intitula-se *Les mains fragiles,* título inspirado em uma das faixas brandidas pelos estudantes em maio de 68 em Paris: "*Les ouvriers prendront des mains fragiles des étudiants le drapeau de la révolution*".[3] Tudo ainda parecia possível quando se desenrolavam as cenas que encerram a primeira pane: nas ruas de Paris, policiais superarmados recuam diante dos estudantes encolerizados. A segunda, que começa com a invasão da Tchecoslováquia, intitula-se *Les mains coupées* e não é preciso grande esforço de imaginação para perceber de onde foi retirada a inspiração.

Outra sequência incrível da primeira parte. Estamos no Vietnã. Um piloto norte-americano de uma superfortaleza aérea comenta em um desses programas imbecis da televisão os feitos da guerra de que ele próprio é um dos protagonistas, se bem que dos mais aéreos. Típico garotão americano, cara de mocinho escolhida a dedo para aparecer na TV, mas cujo sorriso, meio amarelo, deixa transparecer, num relance, a paranoia monumental de todo um sistema. *Close* sobre o piloto que segura o microfone e comenta: 'Vocês vão ver, vai ser formidável. Quando o napalm queima, então *it is really* fascinante. Às vezes a gente chega até mesmo a ver alguns viets correndo, fugindo (sorriso satisfeito)... É incrível... Vejam, agora, atenção'. As bombas que se despencam, as nuvens de fogo. Corte. No tribunal instalado depois da guerra, em Hanói, os semblantes deformados de algumas vítimas do fogo.

Um dos grandes achados narrativos do filme é o seguinte: interrompendo por vezes as cenas dos grandes acontecimentos, das batalhas de rua ou das evoluções da guerra, aparece o debate

---

3 Em tradução livre: "Os operários tomarão a bandeira da revolução das frágeis mãos dos estudantes". [N.E.]

vivo de que participam diferentes personagens. Dois jovens parisienses, por exemplo, bem tipo *gauchistas* do Quartier Latin, são entrevistados enquanto se vão mostrando as cenas que reconstituem outra das grandes aventuras dos anos 60 que se vai jogando lá longe, na América Latina. Pergunta do entrevistador: 'O que é que representa exatamente Guevara para vocês, um *maître à penser* ou o quê?'. Corte: Guevara acena ao penetrar nos salões da conferência de Punta del Este. Corte para a cena anterior e volta à entrada de Guevara enquanto se ouve, ao fundo, a resposta pronta de um dos entrevistados: 'Não, absolutamente. Como *maître à penser* nós já temos Marx, *quoi*...' Apesar do seu romantismo, o Che é sem dúvida um revolucionário etc. etc. Salto para o outro continente, para o Sul, nos coloca de repente diante do secretário-geral do PC boliviano, que se explica a respeito da guerrilha do Che. E toda a tragédia, na boca do velho burocrata, se vê resumida a uma questão de disputa paroquial de comando. Depois, as cenas do desfecho. Lágrimas nos olhos, Fidel lê para a multidão concentrada na praça da Revolução a carta de despedida do Che: 'Um, dois, mil Vietnãs...'. Teria algum dia êxito, depois de tanto malogro, o sonho? Volta à Bolívia... Um assessor norte-americano dos *rangers* bolivianos explica: 'O Exército boliviano não podia manter prisioneiro um personagem de tamanha envergadura, daí por que escolheu sua execução'. E outro oficial norte-americano, surpreso diante da pergunta abrupta do jornalista: 'Qual teria sido, no seu modo de ver, o erro do Che?'. Hesitação... Afinal, a resposta: 'Bem, creio que ele não contou com apoio suficiente da população boliviana'.

 Envolta em ambiguidade, continua a luta que explode sob novas formas, mas ainda sob o signo desses dois grandes referenciais da década. E tudo parece convergir em direção ao grande ensaio geral: Paris. A Primavera de 68 se anuncia por alguns movimentos de greve e, de repente, é a explosão estudantil, a história bem conhecida, mostrada através daquelas cenas já convertidas no lugar-comum do museu imaginário da contestação. Mas aqui também não faltam comentários. De um lado, o hoje ministro e acadêmico, Alain Peyrefitte, na época, salvo engano, chefe da polícia de Paris. Diz ele: 'O movimento não tem nenhuma amplitude etc.'. Registre-se também o comentário daquela enjoada voz de *concierge*: 'Os alemães respeitaram Paris. Esses estudantes querem destruir tudo. Até a Sorbonne e tudo...'. E assim se conclui a primeira parte, debaixo da gargalhada geral da plateia.

Mas a história naquele momento está se decidindo em outra capital, como lembra o narrador logo no início da segunda parte. Praga. Os tanques soviéticos passeiam sua onipotência blindada pelas ruas da capital e sob as vaias da população. Clandestinamente, o PC de Dubcek se reúne em congresso pela última vez. E pela primeira vez a gente vê que congresso, nesse caso, não é uma palavra vã. Os delegados gesticulam e a câmera muda eterniza estes momentos de revolução pura em que se encena o paradoxo de um partido comunista, carregado de tradições de luta, que se reúne 'clandestinamente' no seu próprio país onde, oficialmente, reina o 'socialismo'. Corte. Volta para as ruas e para os tanques. E a câmera começa a tremer quando, depois de novo corte, põe-se a mostrar Fidel Castro, na mesma praça da Revolução, que se esforça por justificar a intervenção...

Deixo de lado a segunda parte e a década de 70 com o seu cortejo não menos significativo de imagens inquietantes. Se algum dia o filme chegar por aí, na ponta de algum milagre, não deixe de vê-lo...

Abraços mil..."

REPETIÇÃO

Mas com todos estes delírios circulares ia deixando de lado o essencial. Aqueles dois tenebrosos dias, como esquecê-los? Talvez os mais terríveis, embora reduzidos no tempo. Houve um primeiro interrogatório, algumas horas depois da minha chegada. O sujeito de bigodinho começou calmamente, mas logo depois vieram outros e me cobriram com um capuz. A chuva de perguntas continuou entre prolongados intervalos, durante os quais fui inclusive deixado só na pequena sala. Houve um momento em que não resisti e tentei levantar o capuz para dar uma olhada em volta, mas, azar, o oficial ia justamente voltando e me pegou no ato, surpreendeu meu gesto e ficou puto, qué isso, baixa isso filho da puta e lá veio um tabefe, o primeiro e único, desta vez.

Fui transferido depois para uma outra sala, caminhando encapuzado e sob escolta. Lá, tiraram-me o capuz e me colocaram em pé com a cara de frente para a porta, de onde, por uma fresta, alguém previamente detido deveria observar-me para ver se era eu mesmo ou não. Tratava-se, ao que parece, segundo me foi possível depreender depois, de saber se eu tinha ou não participado de uma tal reunião não sei mais onde. Atrás da porta, pela fresta, um dos participantes da tal reunião ia me espiar, sem que eu o visse, para dizer se eu era ou não o homem procurado. Na saleta, além do oficial de bigodinho do primeiro interrogatório, achava-se um outro indivíduo, de camiseta, bíceps salientes, volumoso corpanzil, desses de lutador de luta livre da televisão. Era ele que parecia o executante das funções naquele novo departamento. Ele é quem me ajeitou bem em frente da porta, como o fotógrafo que vai arrumar nossa cara para não sair torta na foto. O cara então ajeitou meu pescoço, tranquila e profissionalmente, como preparando-o para arrancá-lo com certeiro golpe, caso o sujeito lá do outro lado dissesse que sim, que me conhecia. Felizmente, ele disse que não. E eu fui levado embora, para a cela lá embaixo, com o alívio do cara que acabou de passar por uma espécie de psicoteste. Passei, que alívio. Passei e não tive a cabeça decepada.

O prêmio foi a volta aos mesmos corredores de celas já tão conhecidos. Desta vez, porém, a frequência do lugar era bem mais diminuta e durante os dois dias não tive nenhum companheiro. A certas horas eu me imaginava até o único habitante daquelas paragens desérticas e silenciosas. Por isso me desesperei mais do que das outras vezes.

Por isso no começo da tarde do segundo dia já não aguentava mais e comecei a me debater contra as paredes, lamentando o dia em que nascera. Acabar numa cela sem saber do que me acusavam. Parede, ângulo. Cabeça na parede. Arrepio pelo corpo, tento deitar-me, relaxar, logo me vejo de pé, arranco-me os cabelos, lágrimas me escorrem sem parar, a vontade é mesmo gritar e de novo vou de ombros contra a parede. Foi quando apareceu aquele delegado que veio, ficou algum tempo numa conversa amena e chegou até a me dar conselhos, que deixasse disso, que não me metesse mais com esse negócio de organização e tal. O resultado foi que até me tranquilizei um pouco.

Naquela altura ainda trazia o pé enfaixado, consequência do ferimento do dedo que se arrastava há mais de um ano e não tinha jeito de cicatrizar, em virtude da má circulação da perna esquerda afetada por uma artrite certamente provocada pelo traumatismo paudearariano de quatro anos atrás. No ano seguinte a referida enfermidade custar-me-ia ainda a amputação do dedo. Eu começava ali a ver as coisas com um certo pânico, já que diariamente ia até o médico para um curativo. Decidi então valer-me do meu próprio problema e, aos gritos, me pus a chamar pelo guarda. Logo que apareceu mostrei-lhe a ferida e o curativo já velho, necessitando ser renovado, expliquei, não sem deixar de alimentar secretamente o temor de que o meu gesto poderia até provocar consequências imprevisíveis, uma vez acionado aquele misterioso mecanismo sádico.

Algum tempo depois voltava o guarda, acompanhado por um sujeito à paisana que queria saber do que se tratava exatamente, ar severo e desconfiado. Contei tudo de novo, direitinho, multiplicando os detalhes, a necessidade dos curativos diários. Ambos olhavam com atenção e escutavam. Sem dizer nada, retiraram-se e lá fiquei, de volta ao meu desespero, esperando pelos efeitos da revelação durante um tempo que a ansiedade espichava de maneira quase insuportável.

Voltaram e mandaram que eu saísse, abrindo a cela. Levaramme até uma outra sala, para lá dos corredores de cela, onde me esperava reunida toda uma equipe, que agora funcionaria, porém, de maneira inusitada. Puseram-me sentado, observaram o curativo e, ajudando-se uns aos outros, foram desenfaixando o pé como bons enfermeiros categorizados. Modalidade inédita de tratamento naquelas paragens à qual toda a equipe se entregava com visível prazer, entre risos, gargalhadas e as piadas de sempre. Um dos "enfermeiros", comandando a operação e munido de tesoura, esparadrapo e gaze procedeu cuidadosamente, com a ajuda dos outros, à substituição do velho curativo por um outro, perfeito, dando-me ainda conselhos para futuros curativos e dirigindo-me embaraçosas questões a respeito da etiologia da doença. Bons samaritanos ajudando um pobre cidadão num transe difícil...

Mas não estaria toda a manobra contendo igualmente uma sutil advertência, que se exprimia pela ironia constante reinante em toda a equipe? Era, com efeito, como se eles dissessem: olha aqui, cara, se você sair por aí falando mal da gente, que aqui se tortura etc., da próxima vez a gente vai te cobrar bem caro pelos servicinhos agora graciosamente prestados.

Mas o destino, por mais algumas horas, era ainda o fundo da cela, do qual fui retirado, pela noite, para um novo interrogatório, o último, que logo se converteu em sermão, na falta do que perguntar. Enquanto um tipo sombrio anotava quieto, na mesa ao lado, tudo o que se dizia, um outro, cabelo escovinha, cuja patente por pouco não se achava estampada luminosamente na própria cara, foi logo fazendo perguntas em tom bastante exaltado. Passou em seguida ao sermão e durante alguns minutos, sempre no mesmo tom, falou das excelências da democracia e dos horrores do comunismo. Da necessidade, verdadeiro dever cívico de todo indivíduo, de colaborar com as autoridades empenhadas sacrificadamente na defesa da segurança pátria. O senhor, por exemplo, que é professor, tem a obrigação de vir até aqui, espontaneamente quando for o caso, e denunciar os seus estudantes que se mostrarem subversivos. É um dever, é um dever. Está na lei. Quase perguntei: e quanto me pagam? E não adianta reclamar não, pois na União Soviética a coisa é muito pior, lá eles botam camisa de força e mandam pra Sibéria. E etc. e etc. Argumentos velhos, surrada cantiga, nauseante segurança, burrice segura. De pé, tonitruando. Vai pra lá, vai pra cá, chega bem perto de mim, gesticula veemente no meu nariz, me encolho, há um momento até em que acho que, dada à fragilidade da argumentação, ainda vai me sobrar mais uma truculência. Do outro lado da mesa, sentado à minha frente, o auxiliar, um oficial subalterno, imagino. Inteiramente absorvido no seu trabalho, mal me olha. Concentrado, agora percebo, vai desenhando, quieto, a silhueta de alguém – seria eu mesmo? –, retrato falado que vai decalcando de um modelo. De vez em quando me olha: acho que o retratado sou eu mesmo, não há dúvida. Lembro-me do outro tipo que no dia anterior, entre um interrogatório e outro, quando fui deixado sentado numa salinha de espera, chegou, sentou em frente e praticamente nem me olhou. Só folheou, enquanto permaneceu na minha frente, a revista *Veja* como a querer me transmitir enigmática mensagem. Veja, meu caro, venho aqui só pra te olhar, pra te ver, mas nem te olho, vejo a *Veja* e veja como olho e folheio. E, de repente, ainda sem me ver – mas tendo me marcado definitivamente? –, levantou e foi embora e então, instantes depois, vieram os outros e me levaram de volta pra cela. Ali na minha frente o outro, subalterno, olhar pra baixo, lápis na mão, sublinhando o contorno nítido do rosto, Maria Madalena: seria eu o Jesus Cristo? Ora, ora, qual é a tua, vai agora se fazer de vítima chorosa, chorão, cala o bocão. Enquanto isso outro, superior, tonitrua de pé e a coisa não tem mais fim.

Mas eis que o sermão se interrompe, a dialética se esgota e a ordem de me mandarem de volta põe ponto final na algaravia. Vem o carcereiro e me acompanha de novo para o pesadelo sem fim, sem fim do infinito da cela. Mas eis que logo na manhã seguinte ele volta e manda que eu me vista e diz, parece brincadeira, mas não é, e diz, olha cidadão, se você limpar bem direitinho a cela com esta vassoura que tô te dando aqui, a gente te solta, te manda embora e tudo bem.

Que fazer? A coisa parece mais uma brincadeira, mas eu varro a cela direitinho, obediente, cegamente, ao menos uma ocupação para o espírito. O chão sujo vou limpando, obediente, já não tem mais o que limpar e o carcereiro ainda demora muito para aparecer de novo.

– Olha, amigo, arruma tuas coisas, cê vai embora.

Dito e feito. Saio da cela, ele me escolta, vou à portaria ou coisa que o valha do estabelecimento e lá me devolvem os pertences e eis-me de novo solto. Mas antes me botam ainda um capuz, levam-me encapuzado até o portão e lá me livram a cara. Ponto final. Espremido entre um inferno e outro, o espaço do sonho cujas luzes nos prometiam mundos novos, quando Dionísio reinava como consequência da extrema dor, subproduto do inferno?

E hoje o exorcismo que se renova a cada instante, a cada hora, a cada dia, a cada semana, a cada mês, a cada ano, a esperança que rejuvenesce de quebrar as grades, voar, essas grades que continuam, imaginárias, a me comprimir o cérebro. Sonho em reconquistar a integridade e a liberdade, será possível? Como contornar a lógica da tendência se o sabotador, com toda a sua malícia, instalou-se dentro da cabeça, enfiou-se no interior do interior, sugando os esforços e comprometendo a objetividade do pensamento?

Como manter a lucidez em meio à complexidade? Como proceder à leitura do texto denso, desvendar os liames sutis, os vínculos que se entremostram, como evitar as pistas falsas, como fugir à tentação preguiçosa da facilidade? Às vezes a relação parece nítida, a correlação rica em promessas de resultados fecundos. Da minha janela, olho o muro em frente, do outro lado da rua, e sonho com um mundo em que não haveria polícia. Mas ela insiste em me acompanhar. Lembro-me bem daquele dia em que olhava pela janela e contemplava o muro cinzento em frente, do outro lado da rua. De repente, eles chegaram, de novo. Radiopatrulha, vermelho e negro, dois guardiões. Estacionaram o carro na entrada da vila e um deles desceu. Teria sido sonho? Até hoje não sei muito bem. Teria sido mera projeção da megalomania que de mim se apoderara e que me dotara do sentimento permanente de trazer guardada dentro de mim a mensagem fatal, definitivamente fatal para a ordem vigente?

REPETIÇÃO

Mas naquele momento nada parecia mais real. Eles chegaram, estacionaram e um deles desceu. Passeou um pouco pela entrada da vila, olhou para minha janela e fixou-me por alguns instantes. Seus olhos eram vermelhos e injetados. Olhou-me. Teria descoberto a extrema periculosidade do meu sonho anárquico? Enquanto me olhava, pôs-se a alisar de leve o pente de balas preso à cintura. Só isso. Em seguida, entrou na viatura e logo desapareceu atrás das casas, saindo para fora daquela perspectiva fantasmagórica, do muro da rua em frente, fantasmagórica e no entanto tão cotidianamente banal, pois naquela época eu passava horas e horas em contemplação do muro da rua em frente, sentado em frente à janela.

Como, ao mesmo tempo, eu me sentia forte demais, invulnerável, onipotente, não dei a menor importância para a ameaça. Sorri, desdenhoso. E até satisfeito, pois era ao mesmo tempo a confirmação da excelência da missão de que me julgava incumbido e disposto, no seu cumprimento, a enfrentar perigos os mais terríveis. Tudo parecia fácil e eu saía corajoso pela rua, montava no fuscão rocinante, alucinante, carregando sem medo o rastro de luz. Na rua ou na cama, a mesma iluminação. Deitado, olho a parede do quarto, em frente: Maria Bethânia dança e canta durante horas naquela foto da revista e eu, deitado, em serena meditação, busco penetrar-lhe o segredo. Nas ruas da metrópole, enfrento, sereno, a guerrilha urbana do trânsito. Na Rio-Bahia paro em um posto de gasolina, ainda no grande sertão mineiro. Os garotinhos maltrapilhos pedem-me que lhes pague pinga. O delírio era geral e fraterno e eles viravam os copos de pinga goela abaixo, muito satisfeitos. Haveria depois a queda, o desfazer-se das ilusões, o esborrachar-se da onipotência. Mas também a calmaria.

"Jean-Jacques – diz Baudelaire nos *Paradis Artificiels* – *s'était enivré sans haschisch*."[4] Eu conto a frase para a amiga que comenta, divertida: "*Tandis que toi...*". E era no que eu ficava, na evocação das altas montanhas da utopia, arrebatado agora pela morena geografia e pela negra floresta dos montes da anatomia. Incandescentes, as carícias, estaria eu preparado para tamanha recompensa? Cena não mais primitiva, mas plena.

No entanto, eles quase tinham conseguido me quebrar, restando-me agora, como único recurso, como único antídoto e contraveneno, a metralhadora de escrever, o alinhamento das palavras, o arado sobre a folha branca, a inscrição como resposta. É aqui, neste exato momento, que se trava a luta. Cada traço inscrito é um tiro, é um golpe, *il n'y a de bombe que le livre*,[5] cada linha é lança, gume, faca que penetra na carne dura do inimigo vário. Plural...

Hoje, a paisagem é outra, mas as grades, ainda as trago comigo, plantadas duradamente na memória. Busco reencontrar o prazer do texto na prometedora primavera parisiense que vai brilhando com um sol forte em cima das pessoas. A cidade inteira possuída por espírito novo, ensaiando timidamente os primeiros passos de um novo ritmo que só parece esperar pelo momento adequado para explodir. Ao atravessar agora há pouco a interminável estação do metrô Châtelet, cruzei com um grupo tomado de grande animação, reunindo em torno de si um número considerável de admirados espectadores, aos quais me juntei por alguns instantes. Dois jovens brandiam freneticamente seus tambores. Um casal dançava e os olhares das pessoas reluziam. Mais tarde,

---

[4] "Jean-Jacques embriagara-se sem haxixe." Charles Baudelaire, *Os paraísos artificiais*, trad. José Saramago. Rio de Janeiro: Ediouro, 2005. Ao que a amiga responde: "Tanto quanto você", em tradução livre. [N.E.]

[5] Em tradução livre: "A única bomba que há é o livro". [N.E.]

na Place d'Estienne d'Orves o dia era azul e dourado. Os pombos, em pequenos bandos, passeavam em busca de alguma migalha. E as velhas senhoras sentadas nos bancos eram tão parecidas com elas...

Na noite passada, sonho de prisão. Outra vez. Venho voltando pra casa quando de repente me vejo cercado por pequena multidão. É como se fosse um cortejo. Por entre as pessoas, aqui e ali, alguns *flics* fardados de azul-marinho. Outros sem farda, mas tá na cara que são da polícia, essa gente é igual no mundo inteiro. De repente tudo vira comédia-pastelão, as pessoas se empurram, se atropelam, atiram-se indefinidos objetos uns sobre os outros, enquanto a turbamulta vai evoluindo imperceptível e carnavalescamente em direção ao Palais de Justice. Na entrada, uma espécie de barreira. E logo a atmosfera muda bruscamente: a brincadeira generalizada dá lugar à carranca dos tiras. Documentos, pedem eles. Documentos, documentos! Levo a mão nos bolsos e descubro com um frio na espinha que não tenho comigo nenhum documento. Documento, exige o tira. Não tenho aqui, mas moro bem pertinho, posso ir buscar, não tem problema não. Nada feito, evidentemente e mais uma vez me vejo detido. A cena se transforma. Cercado pelos tiras, eis-me dentro do Palais de Justice, submetido a intenso interrogatório. No começo tudo vai bem, os caras são parisiensemente polidos e tudo não parece passar de averiguação rotineira sem maiores consequências. De súbito, tudo muda. Chega um novo policial com misteriosos papéis na mão e diz para os outros que o meu caso é muito mais grave do que parecia. Imediatamente, policiais com cara de torturadores formam um círculo em torno de mim. Ficam na expectativa, enquanto os outros no fundo da cena deliberam. As suspeitas giram em torno de um crime misterioso, do qual eu seria cúmplice. Os tiras se divertem, anedotas, escárnio, zombaria alternam-se com ameaças. É evidente que os torturadores só esperam uma palavrinha para se atirarem sobre mim.

Uma característica do sonho é seu grande realismo. O alarido aumenta, crescendo. Um dos tiras conta qualquer coisa obscura aos outros e todos parecem ficar muito mais excitados, cada vez mais ameaçadores, quando acordo... Fico pensando agora naquele curioso triângulo da praça parisiense: a Notre Dame tendo em frente o Palais de Justice e ao lado o Hotel Dieu, o hospital... A religião, a ordem e a loucura... Aforismos vitais. História aforística. Prisioneiro da Ideia. Como escapar? É preciso com urgência começar a montar a estratégia de fuga...

Mas, antes, é preciso tomar consciência do real. Aceitar calmamente este real que parece um delírio circular, ele também. Pois não é que a coincidência repetida me roubou a palavra, comeu a fala, cortou a língua? E agora, convoca os meus dedos-remos, minha caneta-âncora, minha visão de espanto para navegarem no Mar das Coincidências.

O que me sufoca agora, o que me faz perder o silêncio e reencontrar a escrita – ainda uma nova forma de silêncio, enquanto não disser tudo, enquanto não apontar no alvo do concreto –, o que me faz perder a tranquilidade no Mar das Coincidências é que agora me acho literalmente envolvido, ilhado e circundado por acasos mais pesados e fatais do que qualquer necessidade.

Como explicar os encontros de pessoas conhecidas, que se repetem com frequência e são aparentemente fortuitos? A "atração", já dizia Newton, é a grande mola que move tudo na Natureza. Matéria atrai matéria na razão inversa do quadrado das distâncias. "Espírito" atrai "espírito"... Qual a razão exata, a proporção matemática dessa universal gravitação dos espíritos?

3

Da cordilheira dos edifícios da minha cidade, onde agora busco reintegrar-me, da Sierra Maestra de concreto armado, armados quem sabe um dia lá de cima descerão os guerrilheiros do novo tempo e virão, barbudos, implacáveis como Bruce Lee, redimir-nos a todos? No ano 2000, quem sabe? Já agora as paredes e os muros se puseram a falar, o que é um bom começo. Tomaram a palavra e os muros se enchem de mensagens, mas qual seria a mensagem dos muros? Viva Bakunin, por exemplo, dizem eles. Formidável nova mídia através da qual se formula o balbucio dos novos visionários, no frágil ensaio do novo lance.

Aqui no meu muro-alvo, imitando o mestre, as confissões. Tramadas no inferno e recapturadas à luz das ruas ensolaradas, vestidas de cor e o corpo completo sonhado, não mutilado. Como permanecer fiel à utopia? Os inimigos nos olharão com desprezo: coitado, dirão, até hoje ainda falando de tudo isso. E os traços da aventura menor já foram talvez até apagados dos arquivos, borrados dos anais e certamente suplantados por milhares de outras histórias mais excitantes que se repetem diuturnamente e eu aqui insistindo sobre tão insignificantes eventos, querendo me fazer de importante, buscando talvez a compaixão das donzelas, enfurecido por distinguir-me na exibição das minhas chagas, dedo em não riste, não riam, por favor, pois a dor é séria.

– Mas você, cara, não tem mesmo jeito com esse seu narcisismo primário. Com toda essa exibição você não passa de mero escrevinhador delirante, concorrente sério do presidente Schroeber, candidato respeitável ao cargo de diretor presidente do Departamento de Administração do Material Patológico... da rua Cayowaá e adjacências...

Na máquina de escrever muda, descansa, interrompido, engasgado, o brazilianismo bissexto. Dorme a Academia. Lembrá-los poderá ajudar-nos a franquear um primeiro passo e melhor colocar nossas questões.

Após um interregno de dezoito anos de uma experiência "democrática", rica e conturbada, que viu a expansão em seus últimos anos de vastos movimentos de radicalização de massas nas cidades e no campo e o esboço de processos de organização das classes trabalhadoras, o Brasil, pela ação dos militares, retomou a antiga via do autoritarismo. Diante das ameaças de um populismo agressivo e de um nacionalismo demagógico, capazes de conduzir a aventuras catastróficas para os interesses estabelecidos, a burguesia – da qual amplos setores vacilaram da aliança à contestação durante todo o governo Goulart – uniu-se firmemente e, contando com o apoio do imperialismo norte-americano, compôs o ensaio geral de um roteiro que assumiria acentos muito mais trágicos, alguns anos mais tarde, no Chile de Salvador Allende. Muito menos organizado do que no Chile, o movimento popular não reagiu de imediato à ofensiva militar apoiada pelas classes dominantes e amplos setores das classes médias. O "antigo regime" desmoronou-se sem nenhuma resistência, a pátria foi "salva", a ordem dos negócios, restabelecida. Qual a natureza e quais as tendências do novo regime? A quem servem, afinal, os militares? Questões aparentemente fáceis de responder: eis-nos, diria o panfletário ortodoxo, diante de uma "ditadura militar fascista a serviço dos grandes monopólios internacionais". Ponto final. Mas respostas deste gênero colocam mais problemas do que ajudam a resolver. A descrição mais exata dos acontecimentos e dos procedimentos de governo utilizados durante estes anos poderá auxiliar na tentativa de captar a especificidade do sistema atual. Coloquemos em primeiro lugar a questão de saber que é que mudou efetivamente e como as coisas mudaram do ponto de vista econômico, político e institucional. Do ponto de vista econômico parece evidente que...

Enquanto isso, na parede, o calendário palpita sem dó. Os dias, as semanas. As horas e os trabalhos e a roda e o círculo. Labirintos. A semana girando, o eterno retorno da segunda-feira e a volta inevitável da sexta-feira, com suas noites e madrugadas fantásticas. Palingenesia. A vida se tecendo ao ritmo monótono do calendário e a cabeça de cada um de nós convertida em inofensivo computador, programado segundo o estilo e o padrão da TV Globo. Mal infinito, labirinto.

Como sair da programação? Tudo bem, no melhor dos mundos. Mas a vida, aventura abstrusa?

E tudo ficará na mesma? Os mesmos senhores de sempre continuarão tranquilos, comandando como se nada tivesse acontecido?

Maquiavéis baratos. Sim, pois Maquiavel não ensina, entre outras coisas, estar condenado à ruína o príncipe que, em vez de ferir mortalmente o inimigo, apenas o fustiga, ainda que dura e cruelmente, deixando-o afinal intacto – ou quase –, pronto para a nova investida?

SOBRE O AUTOR

LUIZ ROBERTO SALINAS FORTES nasceu em Araraquara, interior de São Paulo, em 1º de julho de 1937. Professor e tradutor, era um dos grandes especialistas em Jean-Jacques Rousseau no Brasil.

Deixou sua cidade natal para estudar na capital e formou-se em Direito na Universidade de São Paulo (USP), em 1960. Quatro anos depois, concluiu o curso de Filosofia na mesma instituição, onde defendeu, em 1974, a tese de doutorado *Rousseau: da teoria à prática*, sob orientação de Maria Sylvia de Carvalho Franco. Fizeram parte de sua banca Alfredo Bosi, Marilena Chaui, Celso Lafer e Michel Launay. Em 1983, obteve o título de professor livre-docente, também pela Faculdade de Filosofia, Letras e Ciências Humanas da USP, com a tese *Paradoxo do espetáculo: política e poética em Rousseau*.

Aluno e amigo de Bento Prado Jr., recebeu de seu mestre um dos maiores elogios: "Ninguém poderá prolongar a linha de sua leitura da obra política de Rousseau, que aprendemos a admirar na sucessão de suas teses. [...] São intuições reveladoras que me fizeram desistir de completar meu livro sobre Rousseau, com a parte prevista sobre retórica e política [...]".[1]

Salinas, como era conhecido, foi professor universitário por vinte e dois anos, lecionando as disciplinas de Ética e Filosofia Política e História da Filosofia Moderna, além de ministrar cursos sobre Rousseau, Nietzsche, Aristóteles e Sartre. Aliás, foi cicerone de Sartre e Simone de Beauvoir durante a visita do casal ao Brasil, em 1960.

Morou em Rennes, na França, entre 1965 e 1967, quando desenvolveu a pesquisa que resultou em sua tese de doutorado. De 1975 a 1978, viveu em Paris, mantido por uma bolsa da École des Hautes Études en Sciences Sociales, onde trabalhou com o filósofo Claude Lefort, de quem traduziu *As formas da história: ensaios de antropologia política*.

A última estadia na França também foi uma forma de se afastar das perseguições políticas que sofreu durante a ditadura militar brasileira. As torturas pelas quais passou nas prisões lhe renderam problemas vasculares que resultaram na amputação de um dos dedos do pé.

Ao lado de José Celso Martinez Correia e Renato Borghi, participou do início do Teatro Oficina, chegando a atuar na primeira montagem de *A ponte*, de Carlos Queiroz Telles, em 1958. Não levou adiante a carreira teatral, mas se dedicava a organizar discussões filosóficas entre os atores.

Em 1959, ainda estudante, intensificou sua militância política e tornou-se redator-chefe do jornal *O XI de Agosto*, do Centro Acadêmico do Largo São Francisco. Suas atividades jornalísticas

---

[1] Bento Prado Jr., "Luiz Roberto Salinas Fortes", Revista *Discurso*, n. 17, 1988.

também incluem passagens pelos jornais *O Estado de S. Paulo*, de 1961 a 1963, e *Folha de S. Paulo*, entre 1968 e 1969. No início da década de 1970, foi editor da revista *Discurso*, publicação do Departamento de Filosofia da USP. Um de seus últimos projetos era escrever a biografia de Ernesto Che Guevara, sobre quem chegou a reunir bom material.

Além da produção intelectual, o autor escreveu diários por quase toda a vida. Um dos trechos integra o presente livro.

Luiz Roberto Salinas Fortes morreu em 4 de agosto de 1987, aos cinquenta anos, vítima de um enfarte que o atingiu durante uma visita à casa de amigos.

Em 2004, a prefeitura de Araraquara deu seu nome a uma escola de ensino médio, localizada na periferia da cidade.

Obras

Rousseau: da teoria à prática. São Paulo: Ática, 1976.
O iluminismo e os reis filósofos. São Paulo: Brasiliense, 1981.
A constituinte em debate (org. com Milton Meira Nascimento). São Paulo: Sofia Editora, 1987.
Retrato calado. São Paulo: Marco Zero, 1988.
Retrato calado. São Paulo: Cosac Naify, 2012.
Paradoxo do espetáculo: política e poética em Rousseau. São Paulo: Discurso Editorial, 1997.
Rousseau: o bom selvagem. São Paulo: FTP, 1989.

Artigos, ensaios e resenhas

"Gilberto Freyre visto por um estudante". In: AMADO, G. (Org.). *Gilberto Freyre:* sua ciência, sua filosofia, sua arte. Ensaios sobre o autor de *Casa--grande & senzala*. Rio de Janeiro: José Olympio, 1962.

"A crise do poder no Brasil, de Guerreiro Ramos". *O Estado de S. Paulo*, Caderno 2, 18 jan. 1961.

"Juventude burguesa e libertação nacional". *Revista Brasiliense*, São Paulo, n.28, São Paulo, 1960.

"Rousseau: entre o bem dizer e o bem fazer". *Revista Discurso*, São Paulo, n.5, São Paulo, 1974.

"O engano do povo inglês". *Revista Discurso*, n.8, São Paulo, 1978.

"Théâtre, pedagogie et politique en Rousseau". Anais do Colóquio de Nice, jun. 1978.

"Dos jogos de teatro no pensamento pedagógico e político de Rousseau". *Revista Discurso*, n.10, São Paulo, 1979.

"A liberdade como Apocalipse". *Revista de Cultura e Política*, São Paulo, n.2, ago.--out. 1980.

"Introdução". In: ALMINO, J. *Os democratas autoritários:* liberdades individuais, de associação política e sindical na constituinte de 1946. São Paulo: Brasiliense, 1980.

"O poder desmistificado". *Almanaque – Cadernos de Lliteratura e Ensaio*, São Paulo, n.9, 1979.

"A proposta: uma volta aos textos de Merleau-Ponty". *Jornal da Tarde*, São Paulo, 26 set. 1981.

"Metafísica plulogônica." *Leia Livros*, São Paulo, n.39, 1981.

"Vacina antipacote". *Revista Senhor*, São Paulo, n.117, 15 jun. 1983.

"Uma revisão histórica". *Revista Senhor*, São Paulo, n.126, 17 ago. 1983.

"Paciente arlequinada, de Victor Knoll". *Revista Senhor*, São Paulo, n. 133, 5 out. 1983.

"Reportagem turística". *Revista Senhor*, São Paulo, n.155/156, de 7 a 14 mar. 1984.

"Uma leitura corajosa". *Revista Senhor*, São Paulo, n.191, 14 nov. 1984.

"Bê-a-bá para quem quer filosofar". *Folha de S. Paulo*, São Paulo, Ilustrada, 30 dez. 1984.

"A mecânica das teorias". *Revista Senhor*, São Paulo, n.228, 31 jul. 1985.

"Freud e a falsa consciência". *Folha de S. Paulo*, São Paulo, Folhetim, 11 ago. 1985.

"O mundo político como vontade e representação". *Filosofia Política*, São Paulo, n.2, 1985.

"Profeta, apesar de armado". In: KOUTZII; F.; CORREIA LEITE, J. (Orgs.). *Che 20 anos depois:* ensaios e testemunhos. São Paulo: Busca Vida, 1987.

"O poder político em questão". *Folha de S. Paulo*, São Paulo, Folhetim, 4 set. 1987.

"Rousseau, o teatro, a festa e Narciso". *Revista Discurso*, São Paulo, n. 17, 1988.

"*Retrato calado*: a vida cotidiana nos cárceres do milagre". In: LOSCHIAVO DOS SANTOS, M. C. (Org.), *Maria Antonia:* uma rua na contramão. São Paulo: Nobel, 1988.

Traduções

COBRA, D. B.; CORNELIUS, C. *Da ecologia à autonomia*. São Paulo: Brasiliense, 1981.
ROUSSEAU, J.-J. *Considerações sobre o governo da Polônia*. São Paulo: Brasiliense, 1982.
LEBRUN, G. *Pascal:* voltas, desvios e reviravoltas. São Paulo: Brasiliense, 1983.
SARTRE, J.-P. *A imaginação*. 8.ed. Rio de Janeiro: Bertrand Brasil, 1989.
LEFORT, C. (Org.). *As formas da história:* ensaios de antropologia política. 2.ed. Trad. Luiz Roberto Salinas Fortes e Marilena Chaui. São Paulo: Brasiliense, 1990.
SARTRE, J.-P. *Sartre no Brasil:* a conferência de Araraquara. Edição bilíngue português-francês. 2.ed. São Paulo: Editora Unesp, 2005.
DELEUZE, G. *Lógica do sentido*. 5.ed. São Paulo: Perspectiva, 2009.

Sobre o autor

SAYON, L. "Luiz Roberto Salinas Fortes". *Jornal da Tarde*, São Paulo, 5 ago. 1987.
BRANDÃO, I. de L. "Dedeto". *Shopping News*, São Paulo, 9 ago. 1987.
PRADO JR., B. "Luiz Roberto Salinas Fortes", *Revista Discurso*, São Paulo, n.17, 1988.
FAERMAN, M. "Ferida aberta latejando na memória". *O Estado de S. Paulo*, São Paulo, Caderno 2, 15 maio 1988.
MORAES, J. Q. de. "Falando do abominável". *Jornal da Tarde*, São Paulo, 28 maio 1988.
ALMEIDA, M. de. "Temporada no inferno". *O Globo*, Rio de Janeiro, Segundo Caderno, 17 jun. 1988.
CICCACIO, A. M. "Rousseau, o político e o literato, descomplicado". *Jornal da Tarde*, São Paulo, 6 out. 1989.
CARDOSO, I. "Os silêncios da narrativa". In: _____. *Para uma crítica do presente*. São Paulo, Editora 34, 2001.
MATTOS, F. de. "A arte da medida I e II". In: _____. *O filósofo e o comediante*: ensaios sobre literatura e filosofia na ilustração. Belo Horizonte: Editora UFMG, 2001.

SOBRE O LIVRO

Formato   14 x 21 cm
Mancha   22,9 x 40,1 paicas
Tipologia   Hoefler Titling 11/16
Papel   Off-white 80 g/m² (miolo)
Cartão Supremo 250 g/m² (capa)
1ª Edição   Editora Unesp 2018

EQUIPE DE REALIZAÇÃO

Coordenação editorial
Marcos Keith Takahashi

Edição de texto, projeto gráfico e capa
Grão Editorial

Imagens de capa
Joachim Bandau, série *Black Watercolor*,
gentilmente cedida pelo artista e pela Galeria
Thomas Fischer, de Berlim
http://www.bandau-joachim.de/
https://www.galeriethomasfischer.de/

Editoração eletrônica
Sérgio Gzeschnik

Impressão e Acabamento
assahi
gráfica e editora ltda.